ALPINE
F1® TEAM
INSIDE

SAISON 3 - L'ÉPOPÉE BLEUE

Julien
BILLIOTTE

AMPHORA

@ALPINE

CARS

Avec Esteban Ocon et Pierre Gasly, Alpine peut s'appuyer sur un duo de choc en 2023.

Castrol EDGE
ALPINE
BINANCE
BWT
BEST WATER TECHNOLOGY
Castrol EDGE
PIERRE
plug

Le constructeur français est l'une des quatre écuries d'usine du plateau.

PRÉFACE

Bruno Famin
Directeur Alpine Motorsports

Chers Alpinistes,

L'année 2023 qui s'achève n'aura pas été sans son lot de défis à relever pour les hommes et les femmes de l'écurie Alpine F1 Team. Sur la route des sommets, il n'est pas rare de traverser des périodes de gros temps. Il n'a échappé à personne que nous n'avons pas évolué au niveau espéré cette saison. Les podiums décrochés par l'équipe n'en ont toutefois que plus de saveur. Car c'est dans l'adversité que se forgent les caractères et se révèlent les personnalités et les talents. À ce titre, nous sommes ravis d'avoir accueilli Pierre Gasly aux côtés d'Esteban Ocon. Alpine ne peut rêver meilleurs ambassadeurs et fers de lance, en France comme à l'international.
Notre programme F1 s'inscrit dans un projet ambitieux et excitant qui consiste à développer la notoriété et la renommée de la marque Alpine dans le monde au travers du sport automobile.
Cette année, une nouvelle phase a été enclenchée et un certain nombre de changements ont été décidés afin d'aller plus loin, plus vite et plus fort. Nous avons énormément de talents et d'énergie sur nos sites d'Enstone et de Viry-Châtillon. Les changements opérés visent à les libérer.
Et il faut le faire vite, tout en nous améliorant sans cesse, car une échéance majeure approche : 2026, avec une réglementation technique complètement nouvelle.
L'opportunité de chambouler la hiérarchie.
Et 2026, c'est maintenant qu'on le prépare, avec des projets bien avancés à Viry, et qui commencent à Enstone.

J'ai confiance dans le fait qu'Alpine puisse relever ce défi quand je vois que la détermination et l'engagement des femmes et des hommes d'Alpine F1 Team ne demandent qu'à croître. Et je tiens à remercier très chaleureusement chacun d'entre eux pour tout le travail réalisé cette année.

Pour la 3e année consécutive, *Inside* vous fait découvrir de l'intérieur cette quête d'excellence. Vous aurez une fois de plus l'occasion de partir à la rencontre de ceux qui œuvrent sans relâche pour faire gagner le A fléché dans le plus grand et le plus difficile championnat automobile au monde.

Bonne lecture,

Bruno Famin

SOMMAIRE

01
Microsoft
PIRELLI
P ZERO
ultimate
BWT
BINANCE
yahoo!

ALPINE LA CONQUÉRANTE

DÉPLACER DES MONTAGNES

→ 01 *ALPINE LA CONQUÉRANTE*
DÉPLACER DES MONTAGNES

UNE MARQUE ***HISTORIQUE ET AMBITIEUSE***

En 68 ans d'existence, la marque fondée par Jean Rédélé s'est imposée au plus haut niveau international dans les trois grandes catégories du sport automobile : rallye, Endurance et Formule 1. Retour sur l'histoire d'un constructeur à la fois fier de ses origines et ouvert sur le monde.

Rallye, Endurance, F1 : Alpine a gagné dans toutes les plus grandes disciplines au monde.

RACINES NORMANDES

C'est l'histoire d'un passionné, dont le père officiait comme concessionnaire Renault à Dieppe (Seine-Maritime), en plus d'avoir été l'un des mécaniciens du Hongrois Ferenc Szisz, vainqueur du premier Grand Prix de l'histoire, en 1906, au volant d'une voiture frappée du Losange. Engagé par Louis Renault en personne, Émile Rédélé s'installe en Normandie après la Première Guerre Mondiale. Il y épouse Madeleine Prieur, qui donne naissance à leur premier fils, Jean, en 1924. Diplômé de la prestigieuse école HEC après un double cursus en économie et commerce, Jean Rédélé devient, à 24 ans, le plus jeune vendeur d'automobiles en France. Mordu de compétition, il engage sa propre Renault 4CV au 20e Rallye Monte-Carlo en janvier 1950. Quelques mois plus tard, Rédélé est au départ du 1er Rallye de Dieppe, qu'il remporte face à une quarantaine de concurrents. Il multiplie ensuite les participations et les succès dans des épreuves nationales et internationales de renom : 24 Heures du Mans, Mille Miglia, Tour de France Automobile, Critérium des Alpes. *« J'adorais franchir les Alpes avec ma Renault 4CV et cela m'a donné l'idée d'appeler mes futures voitures « Alpine »*, raconta un jour le Normand amoureux des sommets. *Il était important que mes clients ressentent le même plaisir de conduite au volant de la voiture que je voulais concevoir et construire.* » En 1955, Rédélé saute le pas. Le 25 juin de cette année-là, la Société des Automobiles Alpine est fondée, avant un lancement officiel le 6 octobre au 42e salon de l'Automobile de Paris. Marque sportive par essence, Alpine a naturellement fait de la compétition une vitrine technologique et un laboratoire d'innovation pour ses véhicules de série.

C'est d'abord sur routes ouvertes que le A fléché s'est illustré en compétition.
La nouvelle A110 Rally incarne cet héritage prestigieux.

ADN SPORTIF

C'est dans l'univers du rallye que la marque au A fléché va signer ses premiers faits d'armes. En 1969, Jean Vinatier est sacré champion de France de la discipline au volant de la célèbre Berlinette. Mais c'est surtout l'équipe des « Mousquetaires » mise sur pied par Jacques Cheinisse, directeur sportif de la marque, qui va frapper l'imaginaire collectif lors de la décennie suivante. Avec son quatuor de funambules - Jean-Luc Thérier, Bernard Darniche, Jean-Pierre Nicolas et Jean-Claude Andruet - Alpine va enchaîner les succès. Avec en point d'orgue une saison 1973 tout bonnement exceptionnelle. L'équipe entame sa campagne par un carton plein au Rallye Monte-Carlo où la marque dieppoise truste le podium (victoire d'Andruet devant le Suédois Ove Andersson et Nicolas). Elle occupe même cinq des six premières places. Thérier s'illustre ensuite en Suède, pourtant chasse gardée des spécialistes scandinaves, avec une impressionnante 3e place. Puis Alpine signe un doublé au Portugal, avant de s'imposer également au Maroc, en Grèce et au Sanremo italien. L'apothéose intervient au Tour de Corse où, comme lors de la manche d'ouverture monégasque, Alpine s'adjuge les trois premières places. Au classement final, la marque normande, qui représente Renault en compétition automobile, écrase la concurrence avec un score de 155 points, devant Fiat Abarth (81) et Ford (76). Alpine remporte ainsi le tout premier championnat du monde des rallyes de l'histoire. En cette même année 1973, le A fléché relance également son programme prototypes, en pause depuis les 24 Heures du Mans 1969. Mû par un moteur V6 2 L, le projet A440 décroche le Graal en remportant les 24 Heures du Mans 1978 avec l'Alpine-Renault A442-B pilotée par Jean-Pierre Jaussaud et Didier Pironi. En parallèle de ce triomphe, les

L'Alpine-Renault A442B qui s'imposa aux 24 Heures du Mans 1978 aux mains de Didier Pironi et Jean-Pierre Jaussaud.

Le programme F1 d'Alpine s'inscrit dans un projet de marque ambitieux.

efforts du groupe Renault se concentrent sur le moteur turbo 1,5 L qui propulse la RS01 en championnat du monde de Formule 1. Ce châssis est un dérivé de l'Alpine A500, conçu par l'ingénieur André de Cortanze au mitan des années 1970. Renault se lance dans l'aventure F1 au Grand Prix de Grande-Bretagne 1977 avec un moteur turbo révolutionnaire, mais initialement peu fiable. Ses déboires suscitent vite les railleries du paddock, notamment chez les Britanniques qui surnomment la RS01 la « Yellow Tea Pot » (« la théière jaune » en français) en raison du panache de fumée qui s'en échappe lorsque le moteur turbo rend (trop souvent) l'âme. Malgré les doutes et les critiques, Renault persévère et touche au but au Grand Prix de France 1979. Sur le circuit de Dijon-Prenois (Côte d'Or), Jean-Pierre Jabouille décroche la première victoire de Renault dans la catégorie reine, la première également d'un moteur turbo qui ne fait plus rire la concurrence. Tous les rivaux du Losange finiront par adopter une technologie qui marquera de son empreinte les années 1980. S'il faudra patienter jusqu'en 2021 pour voir le nom Alpine briller en Formule 1, la marque dieppoise se distingue en monoplace dès les années 1960. En 1964, pour ses débuts en compétition, Alpine remporte le championnat de France de Formule 3 par l'intermédiaire d'Henri Grandsire. En 1971, Patrick Depailler, futur vainqueur en Grands Prix, devient champion de France au volant de la célèbre Alpine A364 « Dinosaure », imité en 1972 par Michel Leclère. La même année, Alpine est également sacrée championne d'Europe F3 par équipes, devant ses redoutables rivales anglaises. Alpine, dont Renault est entré à 70 % du capital en 1973, cesse ses activités compétition en 1976, l'entité Renault Sport prenant naturellement le relais. L'usine de Dieppe continuera de produire les modèles sportifs les plus emblématiques du Losange, tels que la Renault 5 Turbo, le Spider, la Clio RS, ou encore la Mégane RS.

RENAISSANCE ET RETOUR À LA COMPÉTITION

En 2012, Renault décide de faire revivre la griffe Alpine, plongée dans un long sommeil depuis plusieurs décennies. L'accueil réservé par le public à la belle endormie conforte les dirigeants du constructeur français dans leur choix stratégique. En plus de revisiter et moderniser le mythique modèle A110, décision est prise de relancer Alpine en compétition. Dès 2013, le A fléché est engagé en championnat d'Europe d'endurance (European Le Mans Series) sous la bannière Signatech Alpine, fruit de l'association avec l'écurie de course Signature de Philippe Sinault. Alpine fait immédiatement sensation puisqu'elle remporte le titre ELMS avec le châssis A450 piloté par Nelson Panciatici et Pierre Ragues. Invitée aux 24 Heures du Mans 2014 en récompense de ce sacre, Signatech Alpine termine 3e de la catégorie LMP2 dans la Sarthe. Elle ajoute également une deuxième couronne ELMS cette année-là. Alpine décide ensuite de grimper d'un échelon en s'engageant dans le championnat du monde FIA d'endurance (WEC). Après une saison d'apprentissage en 2015, la marque normande connaît un cru 2016 d'exception : victoire de classe aux 24 Heures du Mans avec l'A460 n°36 confiée à Nicolas Lapierre, Stéphane Richelmi et Gustavo Menezes, ainsi que titres Pilotes et Écuries dans la catégorie LM P2. Signatech Alpine renouvellera pareil exploit lors de la Super Saison du WEC en 2018-2019. Cerise sur le gâteau, l'écurie tricolore remportera les deux éditions du Mans incluses dans la même campagne. En 2021, Alpine passe dans la classe supérieure du LMP1, renommé Hypercar, avec un châssis A480 qui décrochera six podiums en autant de courses (3e au Mans). L'année suivante, Alpine s'impose aux 1000 miles de Sebring (États-Unis) et aux 6 heures de Monza (Italie) pour rester en lice dans la course au titre jusqu'à la dernière manche de la saison. La marque redescend ensuite en LMP2 pour mieux préparer son retour dans la catégorie reine avec un prototype LMDh attendu pour 2024, l'Alpine A424. En parallèle de son programme Endurance, Alpine lance une version GT4 de son modèle phare, l'A110, dès 2018. L'auto s'illustre immédiatement puisqu'elle remporte la GT4 International Cup, organisée à Bahreïn en marge de la Coupe des Nations FIA GT, avec Pierre Sancinéna et Pierre-Alexandre Jean. Une version Cup de l'A110 voit également le jour pour accompagner la renaissance de l'Alpine Elf Europa Cup. Il s'agit là d'une compétition monomarque faisant écho à un championnat homonyme qui se produisait en lever de rideau des Grands Prix F1 sur la seconde moitié des années 1980 avec des Alpine GTA. Il faudra patienter jusqu'en 2020 pour voir Alpine retrouver sa discipline de cœur : le rallye. Également conçue en partenariat avec la structure Signatech, l'A110 Rally a été pensée pour la catégorie R-GT où elle enchaîne depuis les succès, aussi bien à l'échelon local que national et international.

L'Alpine A110 Rally est à l'aise sur tous les terrains.

Le modèle phare de la griffe normande était naturellement présent lors du lancement de saison F1 à Londres.

Esteban Ocon est le premier à avoir fait triompher Alpine en F1.

DÉBUTS RÉUSSIS EN F1

En cette même année 2020, Luca de Meo, nouveau CEO de Renault Group, décide de faire d'Alpine l'un des piliers de sa future *Renaulution*, la marque normande ayant vocation à devenir un laboratoire d'innovation. Revenu comme constructeur à part entière en Formule 1 à la veille de la saison 2016, le Losange renomme son écurie d'usine en Alpine F1 Team à l'orée de la campagne 2021. *« En lançant Alpine, symbole de l'excellence française, dans la plus prestigieuse des disciplines automobiles mondiales, nous poursuivons l'aventure des constructeurs dans un sport renouvelé,* commenta Luca de Meo lors de l'annonce officielle. *Nous apportons aussi une marque de rêve aux côtés des plus grands noms, pour des courses automobiles spectaculaires faites et suivies par des passionnés. Alpine amènera enfin ses valeurs dans le paddock de la Formule 1 : élégance, ingéniosité et audace. »* Les moteurs sont toujours produits à l'usine emblématique de Viry-Châtillon dans l'Essonne, tandis que le châssis prend vie dans les ateliers britanniques bien connus d'Enstone. Le A fléché fait son entrée dans la catégorie reine par la grande porte, en signant une première victoire dès le Grand Prix de Hongrie 2021 par l'intermédiaire d'Esteban Ocon. Son équipier d'alors, Fernando Alonso, double champion du monde avec Renault en 2005 et 2006, ajoute un podium de prestige au Qatar (3e). Cinquième du championnat constructeurs 2021, Alpine grimpe d'un rang dans la hiérarchie mondiale la saison suivante. Extrêmement régulière, en attestent ses 19 entrées dans les points en 22 courses, l'écurie s'adjuge ainsi la 4e place du classement général, devant sa rivale McLaren. Si 2023 marque un léger fléchissement dans l'ascension des Bleus vers les sommets, Ocon et son nouveau voisin de garage, Pierre Gasly, saisissent la moindre opportunité qui se présente à eux pour briller : podiums à Monaco et Zandvoort (Pays-Bas) dans des conditions météo changeantes et piégeuses, 3e place lors du Sprint à Spa-Francorchamps (Belgique). L'été est marqué par une restructuration d'ampleur au sein des équipes dirigeantes d'Alpine, avec l'ambition d'accélérer les progrès de l'écurie F1 pour être au rendez-vous de la prochaine révolution technologique, prévue en 2026. Après avoir remporté le championnat du monde des rallyes et les 24 Heures du Mans, la marque fondée par Jean Rédélé en 1955 espère coiffer sa propre triple couronne en y ajoutant le titre F1.

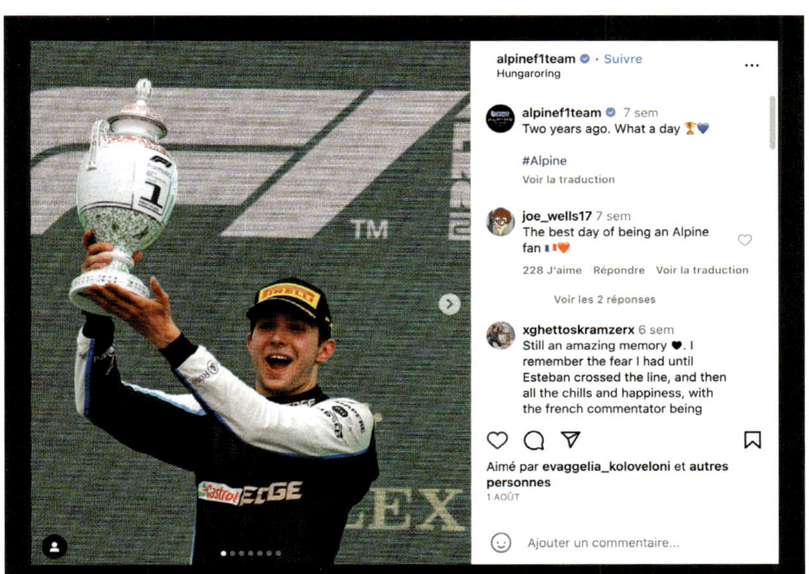

C'était il y a deux ans. Quelle journée !
#Alpine

Castrol EDGE
ALPINE
BINANCE
BWT
Castrol EDGE
BWT
CHANGE THE WORLD

Esteban Ocon-Pierre Gasly : ils se connaissent depuis 20 ans.

→ 02

UN DUO
DE CHOC

→ 02 UN DUO DE CHOC

GASLY-OCON LA VIE EN BLEU-BLANC-ROUGE

En associant Pierre Gasly à Esteban Ocon, Alpine a tout simplement réuni les deux derniers vainqueurs en Grands Prix français sous le même toit. Les Normands, qui se connaissent et s'affrontent depuis leurs jeunes années en karting, forment un duo aussi détonant que talentueux. Entre rivalité et entraide, retour sur le parcours de ceux qui rêvent de conduire les Bleus au sommet.

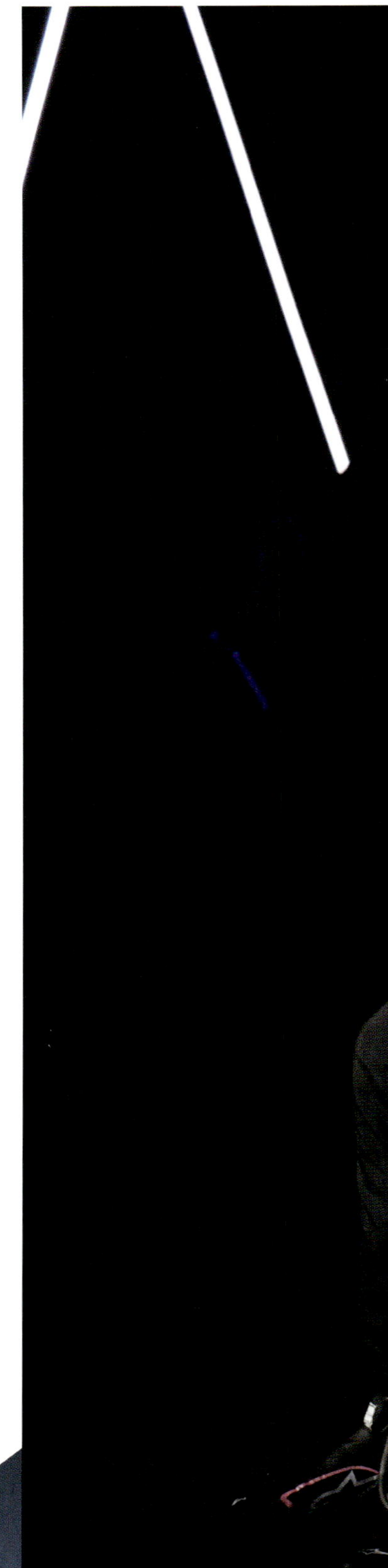

BWT
EDGE
MOBILIZE FINANCIAL SERVICES
ecowatt
PIRELLI
CHANGE THE WORLD
ALPINECARS.COM
ALPINE
Microsoft
Castrol
Bell & Ross
A523

AMIS D'ENFANCE

« Nous étions juste deux gamins en Normandie avec un rêve qui semblait impossible. Bienvenue dans l'équipe, Pierrot. Tâchons de rendre notre équipe et notre pays fiers ! » C'est par ces mots chaleureux qu'Esteban Ocon accueille son compatriote Pierre Gasly le 8 octobre 2022, date à laquelle Alpine officialise le recrutement du second nommé en remplacement de Fernando Alonso. Dans un univers aussi concurrentiel que celui de la Formule 1, infime était la probabilité de retrouver comme coéquipiers deux garçons qui se connaissent depuis 20 ans et sont originaires de la même région, laquelle se trouve être également celle de leur écurie ! Et pourtant…

La rencontre entre Ocon et Gasly remonte au début des années 2000. Le gamin d'Évreux (Eure) et son camarade venu de Rouen (Seine-Maritime) débutent en karting sur la même piste, le circuit international Lucien Lebret à Anneville-Ambourville (Seine-Maritime). *« Esteban est arrivé lorsqu'il avait 6 ans,* expliquait leur formateur Didier Blot début 2023 au micro de RTL. *Il était si petit qu'il a fallu bricoler son karting pour qu'il puisse le piloter. Qu'il pleuve, qu'il vente ou qu'il neige, il était toujours là à s'entraîner. Puis Pierre est arrivé. Les deux tournaient inlassablement sur cette piste et enchaînaient les chronos. J'ai tout de suite vu qu'ils avaient quelque chose en plus. »* C'est d'ailleurs le père d'Esteban, Laurent Ocon, garagiste mordu de mécanique et de sport

Alpine aligne les deux derniers vainqueurs français en F1 à date.

Les Normands sont déterminés à faire avancer leur équipe dans la bonne direction.

automobile, qui a encouragé Pierre à essayer le karting. Même s'il est issu d'une famille qui baigne dans le sport automobile (son père Jean-Jacques a été pilote, ses grands-parents le furent également), le Rouennais, grand fan du PSG, se voyait plutôt faire carrière dans le football. « *Un jour, je faisais du kart et lui jouait au foot,* racontait Ocon à l'arrivée de son compatriote en F1 au Grand Prix de Malaisie 2017. *Mon père lui a dit : 'Pourquoi n'essaies-tu pas le karting d'Esteban ?' Et après ça, il a arrêté le foot. Nous nous connaissons depuis le début.* » Dès lors, la trajectoire des deux pilotes en herbe ne va cesser de se croiser durant leur enfance et jusqu'à aujourd'hui.

Ocon et Gasly doivent également affronter une concurrence féroce, incarnée par Alexander Albon, Charles Leclerc, Max Verstappen ou encore le regretté Anthoine Hubert. Une génération dorée qui va permettre à ses membres d'accéder au plus haut niveau de leur discipline.

SAINE ÉMULATION

Gasly débute en monoplace lors de la saison 2011 où il termine 3e du championnat de France F4 organisé par la FFSA. L'année suivante, le Rouennais grimpe à l'échelon de la Formule Renault 2.0 L où il retrouve un certain Ocon qui est resté un an de plus en karting. En 2013, Gasly remporte l'Eurocup, la plus prestigieuse des Formules Renault, avec des séries 2 L, avec 8 podiums, dont 3 victoires, et 4 pole positions. Son meilleur ennemi normand l'accompagne sur le podium final du classement général (3e avec 5 entrées dans le top 3, dont 2 succès, et 1 pole). Pierre rejoint la filière Red Bull dans la foulée de son titre, tandis qu'Esteban rentrera dans le giron Mercedes début 2015. Chacun connaîtra de nouveaux succès probants en formules de promotion : titre européen en F3 et GP3 Series pour Ocon, sacre en GP2 Series et place honorifique de vice-champion en Super Formula au Japon pour Gasly. Les deux jeunes hommes débutent en Formule 1 à une saison d'intervalle, Ocon (GP de Belgique 2016 avec Manor) précédant Gasly (GP de Malaisie 2017 avec Toro Rosso). Avec leur promotion en F1, l'histoire de leur

« C'est marrant de voir que nous sommes tous les deux en F1 vu d'où nous sommes partis »

PIERRE GASLY

Pour Gasly, 2023 marque l'émancipation du giron Red Bull où il évoluait depuis 10 ans.

Les pilotes Alpine affichent des palmarès et des performances très proches.

Félicitations à @alpinef1team & @estebanocon pour ce super résultat. Déçu de manquer de plus gros points aujourd'hui mais nous allons passer en revue la course pour s'améliorer à l'avenir. P7. On progresse bien dans l'ensemble. On continue d'aller de l'avant. Prochaine étape : Barcelone.

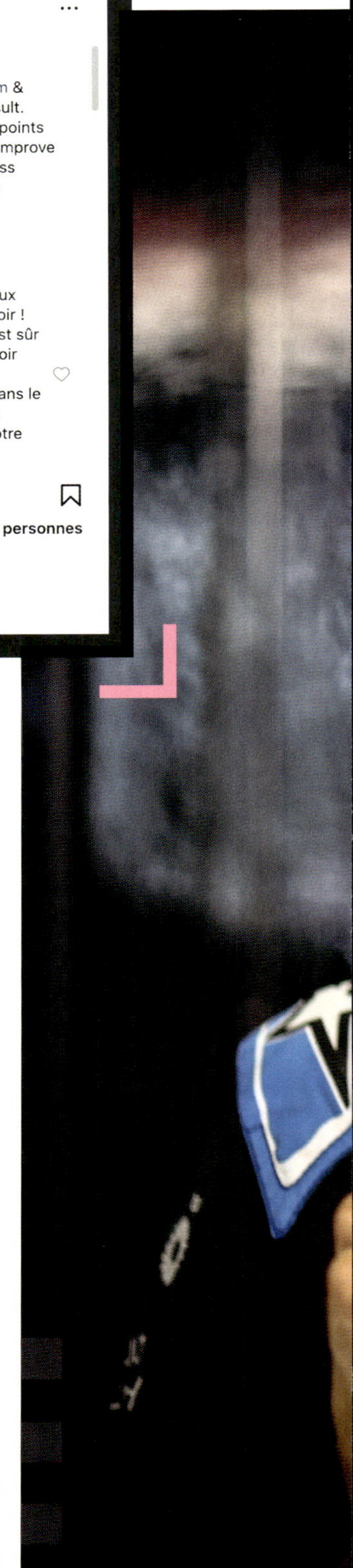

rivalité passée a sans surprise refait surface dans les médias. « *Je préfère garder les choses privées,* glissa Ocon à l'AFP en 2018. *Tout ce que je vois maintenant, c'est qu'on se respecte sur la piste.* » Le temps a fait son œuvre, les tensions se sont apaisées, les relations se sont normalisées entre deux personnalités sensiblement différentes. Comme si l'un était le miroir inversé de l'autre. « *Au final, je pense que ce qui nous est arrivé est positif parce que ça nous a motivés encore plus pour battre l'autre,* soulignait encore Gasly. *C'est marrant de voir que nous sommes tous les deux en F1 vu d'où nous sommes partis, sans beaucoup d'argent.* » Au vu de leur parcours, est-ce vraiment une surprise de constater que leurs trajectoires en F1 comportent de fortes similarités ? Un nombre de départs quasi identique, une victoire acquise au volant d'une voiture clairement en dehors du top 3, ou encore une saison 2019 frappée du sceau de l'adversité et de la tragédie (rétrogradation de Red Bull à Toro Rosso pour Gasly, année de réserviste chez Mercedes pour Ocon, décès de leur ami d'enfance Anthoine Hubert en F2).

Désormais établis comme des valeurs sûres du plateau de Formule 1, les deux coéquipiers ne se font pas de cadeau, chacun voulant devancer l'autre. Mais nul doute que cette saine émulation se révèle particulièrement précieuse à l'heure où Alpine ambitionne de franchir un nouveau palier.

« Tout ce que je vois maintenant, c'est qu'on se respecte sur la piste. »

ESTEBAN OCON

Ocon est présent depuis le début de l'aventure Alpine F1.

Une paire très homogène : à l'aube de leur collaboration chez Alpine, les Normands affichaient un palmarès F1 très similaire.

PIERRE GASLY

Né le 7 février 1996 (27 ans) à Rouen (Seine-Maritime)

Départs : 108

Victoire : 1 (Grand Prix d'Italie 2020)

Podiums : 3

Meilleurs tours : 3

332 pts

Statistiques arrêtées au début de la saison 2023.

ESTEBAN OCON

Né le 17 septembre 1996 (27 ans) à Évreux (Eure)

Départs : 111

Victoire : 1 (Grand Prix de Hongrie 2021)

Podiums : 2

Meilleurs tours : 0

364 pts

Grands Prix : *22 (initialement 24 mais le GP de Chine a été annulé en raison des mesures sanitaires toujours en vigueur dans le pays. Le GP d'Émilie-Romagne a connu le même sort quelques jours avant l'événement à cause d'inondations meurtrières dans la région d'Imola).*

Sprints : *6 (Azerbaïdjan, Autriche, Belgique, Qatar, États-Unis, Brésil).*

Fret aérien : *16 palettes de matériel pour un poids d'environ 35 tonnes.*

Distance parcourue en vol : *117 069 km.*

Coût du fret aérien : *Environ 410 dollars par kilogramme.*

Fret maritime : *6 jeux d'équipement pour les stands de 4 containers (24 au total), soit un total de 28 tonnes. Départ 6 semaines en amont de l'épreuve.*

Distance parcourue par bateau : *457 919 km.*

Nombre de camions : *21 pour les manches européennes - 7 pour le motorhome, 6 pour les installations de courses, 4 pour les voitures et pièces de rechange (à Enstone), 1 pour les moteurs envoyés depuis Viry et 3 en soutien.*

Billets d'avion : *2 400 environ, pour faire voyager 100 personnes (60 opérationnels + 40 marketing/communication) sur 24 événements (en comptant les tests).*

Jours loin du domicile : *180 pour celles et ceux qui font toute la saison.*

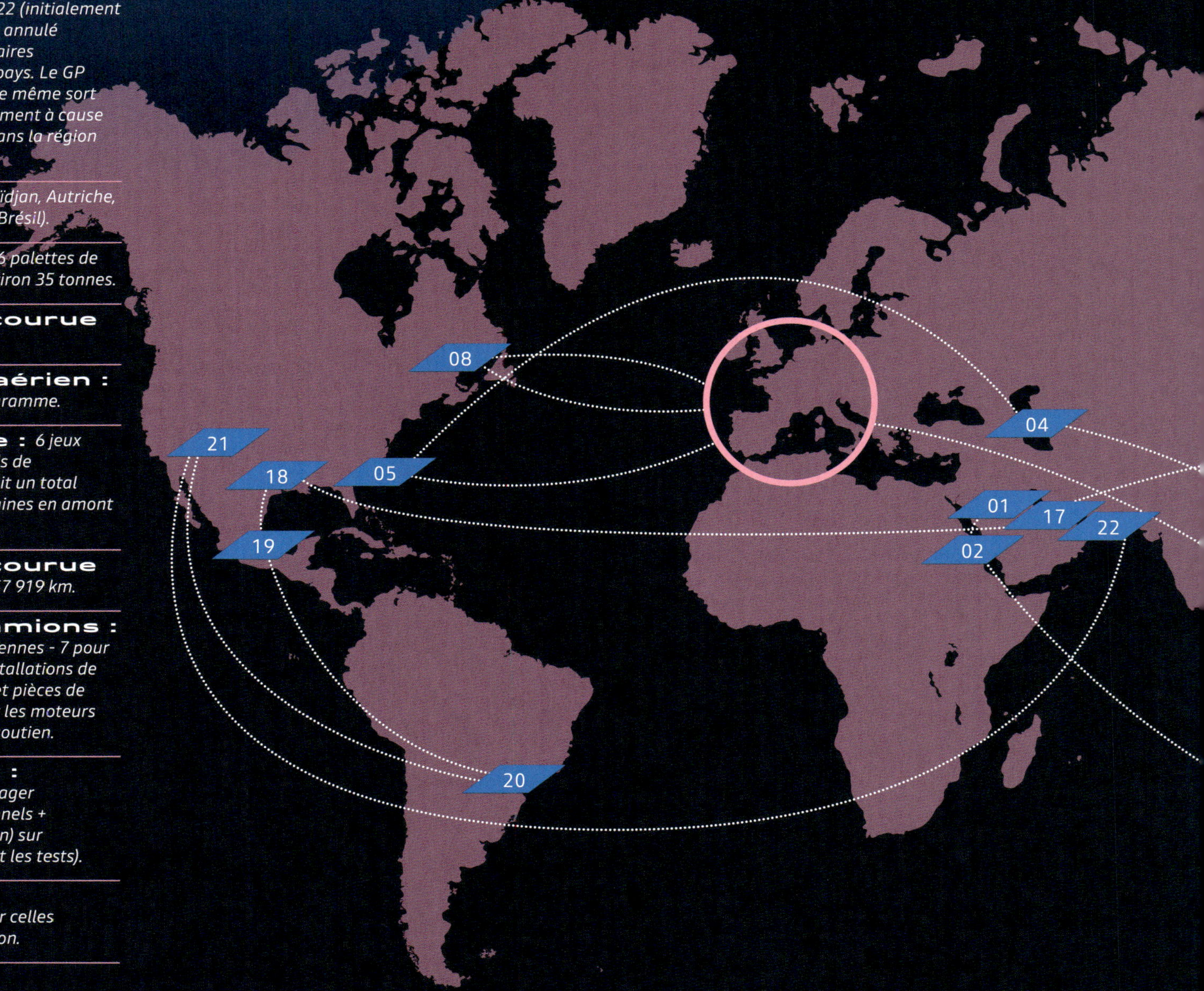

01 BAHREÏN
Sakhir
3 au 5 mars

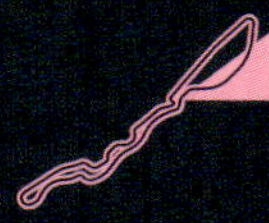
02 ARABIE SAOUDITE
Djeddah
17 au 19 mars

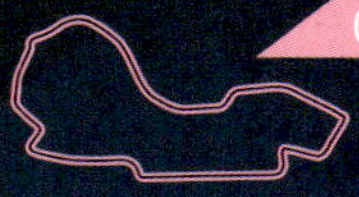
03 AUSTRALIE
Melbourne
31 mars au 2 avril

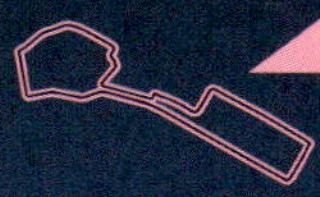
04 AZERBAÏDJAN*
Bakou
28 au 30 avril

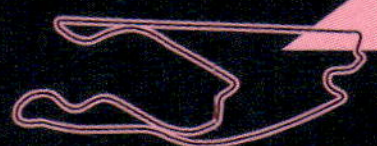
05 MIAMI
Miami
5 au 7 mai

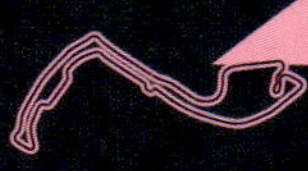
06 MONACO
Monte-Carlo
26 au 28 mai

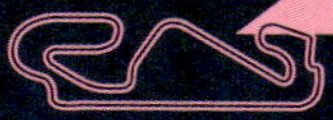
07 ESPAGNE
Barcelone
2 au 4 juin

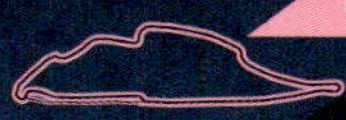
08 CANADA
Montréal
16 au 18 juin

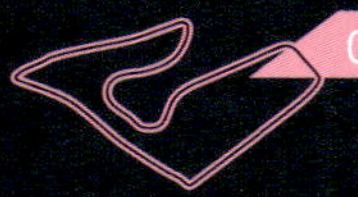
09 AUTRICHE*
Spielberg
30 juin au 2 juillet

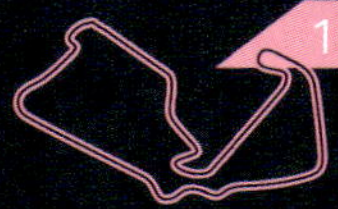
10 GRANDE-BRETAGNE
Silverstone
7 au 9 juillet

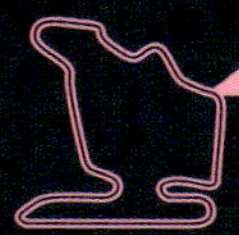
11 HONGRIE
Budapest
21 au 23 juillet

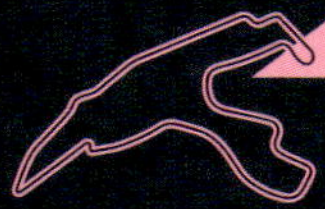
12 BELGIQUE*
Spa-Francorchamps
28 au 30 juillet

SAISON 2023 EN CHIFFRES

Une longue odyssée

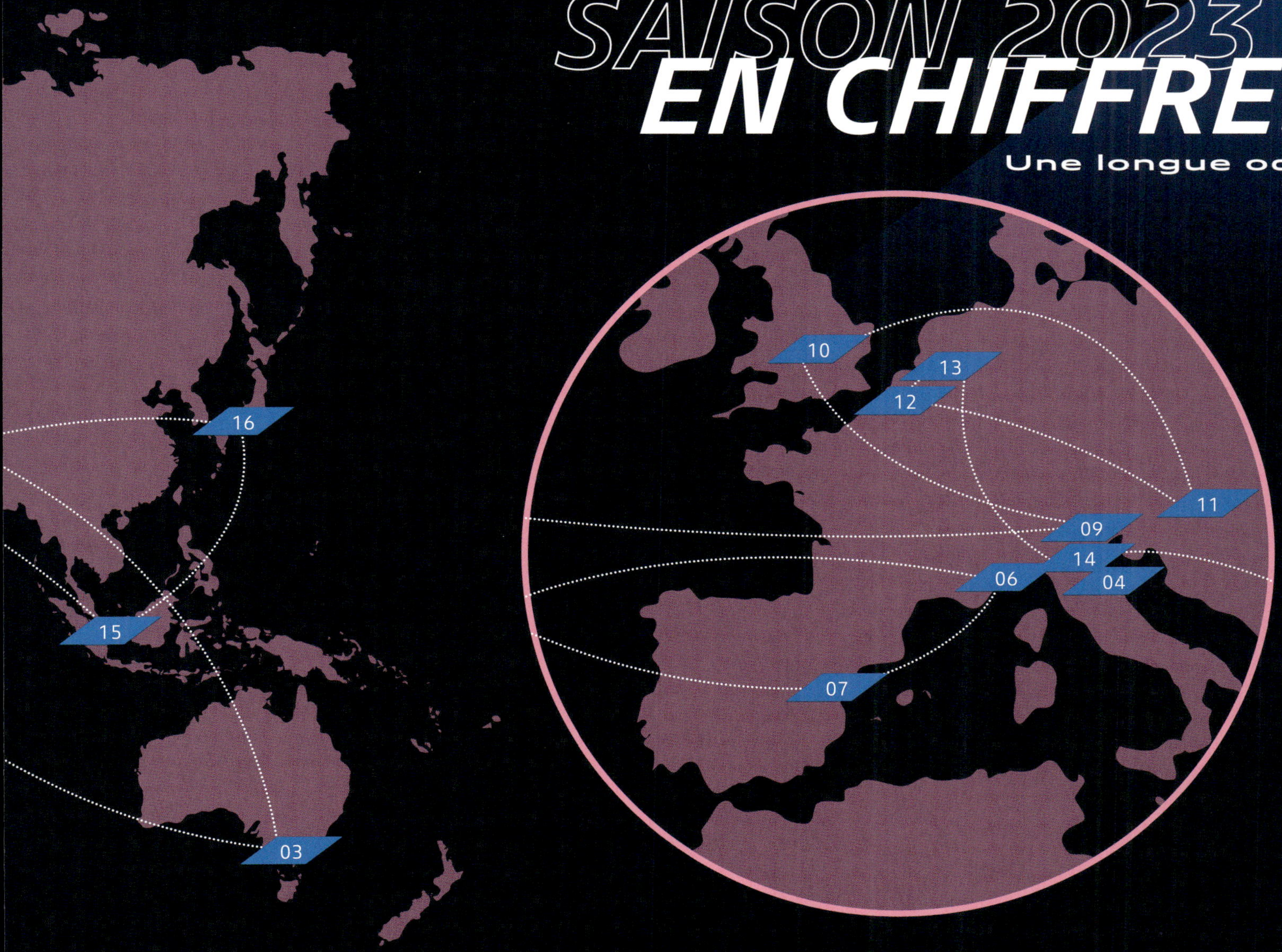

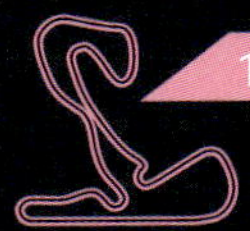

13 PAYS-BAS
Zandvoort
25 au 27 août

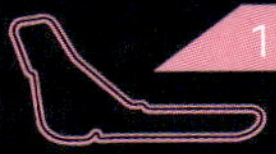

14 ITALIE
Monza
1er au 3 septembre

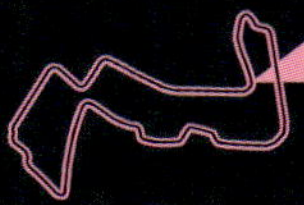

15 SINGAPOUR
Marina Bay
15 au 17 septembre

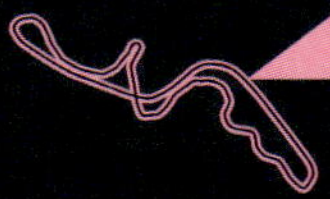

16 JAPON
Suzuka
22 au 24 septembre

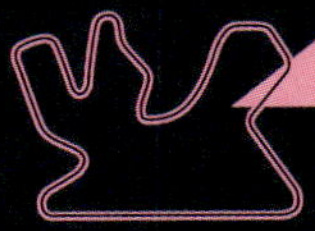

17 QATAR*
Losail
6 au 8 octobre

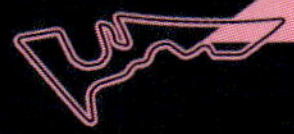

18 ÉTATS-UNIS*
Austin
20 au 22 octobre

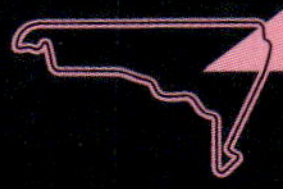

19 MEXICO
Mexico
27 au 29 octobre

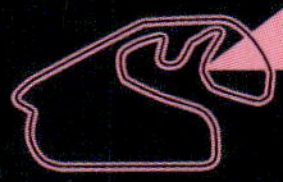

20 SÃO PAULO*
Interlagos
3 au 5 novembre

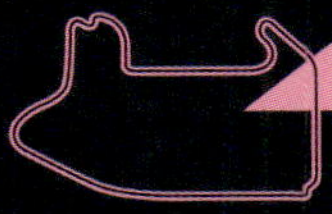

21 LAS VEGAS**
Las Vegas
16 au 18 novembre

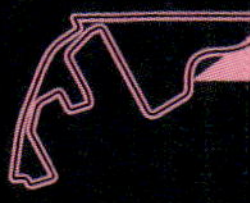

22 ABU DHABI
Yas Marina
24 au 26 novembre

* Épreuve comportant une journée Sprint le samedi.
**Nouvelle épreuve au calendrier F1.

ALPINECARS.COM
ALPINECARS
ALPINE
ALPINE
Castrol
Castrol
Castrol
Microsoft
BWT
10

Heineken

plug
ALPINE
31
Microsoft
PIRELLI
Bell & Ross

ALPINE A523 : LA NOUVELLE ARME DES BLEUS

→ 03 *LA NOUVELLE ARME DES BLEUS*

L'ÉVOLUTION APRÈS LA RÉVOLUTION

Pour l'an II du bouleversement aérodynamique 2022, Alpine a peaufiné et ajusté le concept étrenné avec l'A522 tout en devant s'adapter aux modifications introduites dans le règlement technique 2023. Les concepteurs de l'A523 lèvent le voile sur la dernière-née des ateliers d'Enstone et de Viry-Châtillon.

L'Alpine A523 fut dévoilée aux yeux du monde entier le 16 février 2023.

UNE LONGUE GESTATION

C'est une histoire qui débute au mois de novembre 2021. Alors qu'Alpine s'apprête à boucler sa première saison d'existence parmi l'élite avec une victoire et un podium, le A fléché travaille sur sa prochaine création. Ou plutôt ses prochaines créations. Car si la future A522 occupe logiquement les esprits à l'aube d'une révolution aérodynamique sans précédent, les Bleus planchent déjà sur la monoplace qui lui succédera. Et ne débutera en compétition que 18 mois plus tard ! Une période de gestation qui a crû ces dernières années. « *Ce sont des machines bien plus complexes qu'auparavant,* confie Matt Harman, directeur technique Alpine en charge du châssis à Enstone. *La technologie qu'elles embarquent requiert beaucoup plus de développement, d'ingénierie et de réflexion qu'auparavant. Nous devons donc lancer le processus plus tôt. Par le passé, on commençait à travailler sur la voiture suivante au mois de mars de la saison en cours.* » L'écurie arrête d'abord le design des suspensions avant et arrière. Puis, suivent la forme du châssis, l'emplacement du moteur et les systèmes de refroidissement. Chaque voiture dispose d'une courbe de développement dont la pente tend à s'aplanir avec le temps. En cours de route, Alpine, comme tous les autres teams, se rend compte que certaines découvertes ne pourront pas être incorporées sur la voiture en cours de conception mais la suivante. Autre élément à prendre en considération : la mise en place d'un plafond budgétaire dégressif à compter de la saison 2021. Fixé à 135 millions de dollars (environ 126 millions d'euros) en 2023, cet encadrement des dépenses empêche les écuries d'introduire de grosses évolutions en cours d'année.

CHANGEMENTS DANS LA CONTINUITÉ

Si les ajustements de réglementation 2023 n'ont pas l'amplitude de la révolution aérodynamique de la saison précédente, ils ne sont pas anecdotiques pour autant. « *La principale modification concerne les bords du plancher,* explique Matt Harman. *Il a été motivé par les soucis de marsouinage qu'ont rencontrés les écuries en 2022. L'idée était de réduire ce phénomène de pompage en rehaussant les extrémités du fond plat. Ce n'est que 15 mm mais cela représente un changement majeur dans cette zone. Il a entraîné une baisse de performance pour l'ensemble du plateau, mais nous avons réussi à recouvrer le temps perdu relativement rapidement. Notre concept n'a pas eu besoin de changer drastiquement, cela nous a vraiment aidés. Heureusement, nous avons réussi à maintenir la corrélation avec la soufflerie et la CFD (mécanique des*

Les pilotes Alpine, ici Pierre Gasly à Monaco, disposent chacun de leur châssis, lequel évolue tout au long de l'année.

fluides numérique). » Une autre transformation structurelle est intervenue au niveau de l'arceau de sécurité, dont l'intégrité a été renforcée et le sommet arrondi. La mesure a été prise à la suite du spectaculaire accident dont avait été victime le Chinois Guanyu Zhou au départ du Grand Prix de Grande-Bretagne 2022. Si ces changements ont été imposés par la FIA dans ses règlements, l'Alpine A523 inclut naturellement des nouveautés qui lui sont propres. À commencer par le passage d'une suspension à tirant à un concept à poussoir. « *Nous l'avons fait pour de nombreuses raisons aérodynamiques mais l'un des nombreux bénéfices fut un gain de poids car c'est un assemblage beaucoup plus léger,* précise encore Matt Harman. *C'était donc une solution plus légère, plus performante et plus fiable : le genre de scénario que vous ne rencontrez pas souvent. Et vu qu'il y avait moins de pièces, c'était également moins cher. C'était la situation rêvée. Nous avons également changé un peu l'aileron avant en matière de structure des flux. Nous avons aussi modifié notre système de refroidissement pour gérer certains des critères aérodynamiques que nous visions autour des pontons. Enfin, nous avons mis l'accent sur l'intégration du Power Unit pour extraire davantage de performance sur ce plan, et ce même si le groupe propulseur était homologué et son développement gelé.* »

UN DÉTAIL DE POIDS

Un gros travail a également été effectué sur la masse de l'auto pour s'assurer d'être le plus proche possible, voire en dessous du poids minimal réglementaire, fixé à 798 kilos (pilote inclus mais réservoir vide). Initialement, cette limite devait être abaissé de 2 kg, mais l'introduction de nouveaux pneus Pirelli plus lourds a encouragé le statu quo. Si la voiture est en dessous du seuil obligatoire, l'écurie peut alors lui ajouter du lest, tout en respectant la distribution des masses définie pour l'auto. « *La question du poids est importante*, confirme Matt Harman. *Nous avons réussi à faire retirer de la masse de l'A522 mais nous avons choisi d'arrêter à un moment donné car ça n'avait pas de sens de continuer à dépenser de l'argent pour faire chuter encore le poids (...) Nous avons des options de lest un peu partout sur l'auto, normalement aux deux extrémités, près de la suspension arrière et du carter de boîte, ou encore au niveau du T-tray sous l'aileron avant. Le poids des pilotes est considéré à part désormais. On a une masse de 80 kilos, équipement inclus. C'est une bonne chose car on se souvient que certains coureurs avaient tendance à faire des régimes trop drastiques par le passé. Maintenant, on s'occupe de mettre du lest sous leur cockpit pour atteindre les 80 kilos réglementaires.* » En Formule 1, l'ennemi c'est le poids et l'Alpine A523 avait remporté cette bataille dès le début de saison.

SUR-MESURE

En 2023, Alpine accueille un nouveau pilote en la personne de Pierre Gasly. Cette arrivée s'accompagne naturellement d'ajustements au niveau de l'A523. « *Il faut faire mouler un baquet qui soit le plus confortable possible*, détaille encore Matt Harman. *La position du coureur est essentielle dans ces voitures, en raison de la taille des roues (avec le passage aux jantes et pneus 18 pouces en 2022) et des éléments aérodynamiques. Il est crucial qu'il ait une bonne vision. En plus de cela, nous travaillons beaucoup sur le système de freinage, la pédale d'accélérateur. Le feeling du pilote est primordial, tout comme l'ergonomie du volant et de la palette d'embrayage. Nous avons mis au point un dispositif que nous appelons « la Playstation » et que l'on peut transporter partout dans le monde. Cela permet aux pilotes de s'entraîner aux départs, sans avoir nécessairement le volant connecté à la voiture. Les coureurs peuvent ainsi enchaîner les manœuvres pour que ça devienne des automatismes et de la mémoire musculaire. Nous nous assurons de toujours garder la même position pour le pilote, mais nous changeons l'effet que cette position fait sur la voiture. En d'autres termes, le conducteur effectue toujours les mêmes mouvements, mais la voiture réagira différemment en fonction des réglages du week-end, de la nature du tarmac, de la position sur la grille, etc. C'est une interaction très complexe.* » Fruit du travail des quelque 1300 collaborateurs Alpine F1 Team à Enstone et Viry, l'A523 fut dévoilée à Londres le 16 février lors d'un événement glamour et spectaculaire. La nouvelle arme des Bleus n'aura pas mis longtemps à s'illustrer puisque Esteban Ocon la hissa sur le podium de la plus prestigieuse manche du calendrier, le Grand Prix de Monaco, où il finit 3e.

Alpine est passée d'une suspens on à tirant à un concept à poussoir en 2023.

En tête à tête

MATT HARMAN, DIRECTEUR TECHNIQUE ALPINE

« Vous avez besoin de 18-24 mois pour développer la voiture. »

Présent à Enstone depuis 2018, l'ingénieur britannique a progressivement pris du galon dans les rangs de Renault puis d'Alpine pour superviser aujourd'hui un vaste périmètre d'action.

La gestation de l'Alpine A523 a démarré avant même les débuts en compétition de l'A522 : comment gérez-vous le fait d'avoir deux voitures à concevoir et développer en même temps ?

→ J'ai une anecdote amusante sur le sujet. Lors du lancement de l'A523 à Londres en début d'année, j'ai dû vraiment faire le point avant ma présentation car j'avais surtout la prochaine A524 à l'esprit ! Vous devez penser à la voiture actuelle, la suivante, et celle d'encore après, tout ça en même temps. C'est un défi pour tout le monde dans l'équipe. Il faut avoir la bande-passante bien calibrée pour mener de front tous ces projets. C'est complexe en matière de dépenses, de résultats en piste, lesquels peuvent avoir un impact sur le développement, les technologies à déployer, les ressources pour la future voiture. Il s'agit d'un processus de gestion vraiment délicat, mais c'est la règle du jeu quand vous évoluez au plus haut niveau en Formule 1. Pour obtenir et amener les technologies sur la voiture qui permettront d'extraire les performances aérodynamiques et certaines des performances mécaniques de l'auto, vous avez besoin de 18-24 mois pour développer la voiture, surtout quand il y a un changement de règlement.

La nature de votre métier a-t-elle changé au fil des années ?

→ C'est plutôt un changement d'état d'esprit. Chaque décision que vous prenez doit se trouver du bon côté de la courbe risques-bénéfices. Vous n'avez plus le luxe d'apporter des évolutions sur la voiture qui ne se traduiraient pas par un gain de performance manifeste. J'ai le sentiment que l'écurie est plutôt forte dans ce domaine. Nous avons développé des outils et des techniques pour gérer des budgets resserrés et accomplir ce qu'il fallait réussir. Tout le monde dans l'écurie est très compétent quand il s'agit de tirer la quintessence de ce que nous avons à disposition. Cela s'est vu dans notre développement de l'A522 en 2022. Nous figurions parmi les meilleurs dans ce domaine. Nous avions un excellent programme, nous étions organisés, nous savions quel était notre budget, et nous avons répondu aux attentes dans le cadre de cette enveloppe. Tout ce que nous avons apporté sur l'auto s'est traduit par un gain de performance. Cela témoigne du boulot de l'équipe et de ce que nous avons mis en place,

Matt Harman dans le garage Alpine en compagnie de Bruno Famin, vice-président Motorsport du A fléché.

pas seulement sur le plan technique, mais également opérationnel.

Est-il possible de répéter pareille performance avec chaque voiture ?

→ Cela dépend des poches de compétitivité à explorer et d'où peuvent venir les gains potentiels. Ces zones ne sont pas fixes d'une année sur l'autre, même si l'on sait que l'aérodynamique et le fond plat sont des facteurs importants qui le seront toujours avec ce règlement. Au fur et à mesure des années, il va se stabiliser et les gains deviendront alors marginaux. Il faudra faire des choix, peut-être regrouper des évolutions en un nouveau package introduit d'un seul tenant plutôt que d'ajouter des nouveautés au fil de l'eau. Nous avons un bon modèle mais je tiens à souligner l'importance de la culture de l'équipe. C'est plus une question de comportement, d'état d'esprit, cette volonté d'aller chercher sans cesse la performance, d'avoir un esprit critique. De développer et construire des évolutions correctement, puis de les apporter sur la voiture le plus vite possible.

« Vous devez penser à la voiture actuelle, la suivante et celle d'encore après, tout ça en même temps. »

Combien de châssis A523 utilisez-vous au cours de la saison ?

→ Chaque pilote a son propre châssis et un grand nombre de composants qui l'accompagnent lui sont alloués pour la saison. L'environnement financier dans lequel nous évoluons ainsi que la logistique requise par le calendrier font que les périphériques peuvent changer d'une manche à l'autre. On les gère en fonction de leur cycle de vie également. On les met à tel moment si telle voiture en a besoin. On prend également en compte les demandes du pilote en matière de spécification mécanique. Nous avons plus de deux châssis naturellement. Il nous arrive de faire tourner entre les pilotes pour nous assurer qu'il n'y a aucun souci.

En cette deuxième année de la nouvelle réglementation, avez-vous noté que les écuries convergeaient vers les mêmes solutions ?

→ En amont de la révolution aérodynamique 2022, nous avions étudié les différents concepts que l'on a pu voir sur la grille. On remarque déjà un certain degré de convergence mais elle n'est pas totale. On note également que

Matt Harman a rejoint Enstone en 2018 en provenance de Mercedes.

si les concepts se rapprochent, leur degré de maturité est bien différent. C'est une question de temps, pas de design en lui-même. Il faut également souligner qu'il y a pas mal de performance à aller chercher sur le volet mécanique de la voiture. C'est l'un des sujets sur lesquels on se penche. Comment faire pour donner une voiture dont le pilote peut extraire le plein potentiel en qualifications et en course. Ce n'est pas seulement une question d'aérodynamique. Ces voitures sont très pointues. Elles fonctionnent dans une fenêtre d'exploitation étroite.

L'équipe Alpine a-t-elle atteint un niveau satisfaisant en matière de personnel, infrastructures et outils ?

→ Nous n'avons pas fini de grandir. Nous ne sommes pas encore sur le même plan que certaines des écuries que nous voulons battre. Mais nous sommes en train de les rattraper à une allure soutenue. Nous avons effectué des recrutements stratégiques très judicieux à cet égard. Nous ajoutons des outils en permanence. Le programme se déroule bien mais nous ne sommes pas arrivés au bout.

Qu'aimez-vous le plus dans votre métier ?

→ La possibilité de voir l'ensemble de l'équipe, aussi bien à Enstone qu'à Viry. J'ai le privilège de pouvoir travailler avec des ingénieurs très talentueux au quotidien, mais également avec les départements marketing, communication, finances. C'est un métier qui offre une grande diversité. Je prends beaucoup de plaisir depuis mon arrivée à Enstone en 2018.

Et quelle est la partie la plus difficile ?

→ Le vol retour après un week-end compliqué comme celui de Bakou, où chacun des membres de l'écurie avait travaillé d'arrache-pied pour introduire des nouveautés et nous n'avions pas été en mesure de nous présenter sous notre meilleur jour. C'est vraiment le pire feeling, ce voyage retour le dimanche soir. Mais le lundi matin qui suit, on était repartis à l'attaque, on avait regardé ce qui n'avait pas fonctionné, ce qu'on aurait pu faire de mieux, et on avait déjà effectué les changements pour Miami le week-end suivant.

SUSPENSION AVANT

Triangles supérieurs et inférieurs en fibre de carbone, agissant sur un basculeur embarqué par un système à poussoir. L'ensemble est relié à une barre de torsion et à un couple d'amortisseurs montés à l'intérieur de la partie avant de la monocoque. Pivots en aluminium, roues BBS usinées en magnésium et enjoliveurs standardisés.

SYSTÈME DE CARBURANT

Réservoir en caoutchouc renforcé de kevlar et homologué avec l'incorporation de la pompe d'amorçage du système d'alimentation en carburant.

A523

SYSTÈME DE FREINAGE

Disques et plaquettes en carbone. Étriers et maîtres-cylindres Brembo S.p.A intégrant pleinement le système « brake by wire » (freins à commande électronique).

ÉLECTRONIQUE

Boîtier électronique standard MES-Microsoft.

DIMENSIONS & POIDS

Longueur : **5620 mm**

Poids (avec pilote, caméras et lest) : **798 kg**

SUSPENSION ARRIÈRE

Triangles supérieurs et inférieurs en fibre de carbone, agissant sur des ressorts de torsion et des amortisseurs en position horizontale au-dessus de la boîte de vitesse par l'intermédiaire d'un système à poussoir. Pivots en aluminium, roues BBS usinées en magnésium et enjoliveurs standardisés par la FIA.

COCKPIT

Siège du pilote amovible en carbone composite, moulé selon son anatomie avec un harnais six points pour un ensemble complet lesté jusqu'à 80 kg. Le volant intègre les palettes de changement de vitesses, d'embrayage, de DRS et un écran d'affichage.

CHASSIS

Monocoque composite moulée en fibre de carbone et aluminium en nid d'abeilles, conçue pour une résistance maximale et un poids minimal. Intègre le groupe propulseur Renault E-Tech 2023 comme élément autoporté.

TRANSMISSION

Boîte semi-automatique en carbone à huit vitesses + marche arrière. Système « Quickshift » pour optimiser la fluidité et le temps de passage des rapports avec un différentiel à commande hydraulique. Commandes hydrauliques supplémentaires pour actionner le groupe propulseur, la direction assistée, le DRS et l'embrayage.

E-TECH RE23

MOTEUR

Cylindrée : **1,6 l**

Architecture : **V6 à 90°**

Nombre de cylindres : **6**

Régime maximal moteur : **15000 tr/min**

Alésage : **80 mm**

Course : **53 mm**

Hauteur d'axe du vilebrequin : **90 mm**

Nombre de soupapes : **4 par cylindre, soit 24**

Suralimentation : **Turbocompresseur unique, pression illimitée (estimée à 5 bars absolus)**

Limite du débit de carburant : **100 kg/h**

Quantité de carburant autorisée en course : **110 kg maximum**

Carburant : **Injection directe**

DIVERS

Poids du moteur : **150 kg minimum**

Nombre de groupes propulseurs autorisés par pilote en 2020 : **3 moteurs à combustion interne, 3 turbocompresseurs, 3 MGU-K, 3 MGU-H, 2 batteries, 2 boîtiers de contrôle électronique et 8 jeux d'échappement**

Puissance totale : **Supérieure à 950 ch**

SYSTÈMES DE RÉCUPÉRATION D'ÉNERGIE

Vitesse de rotation du MGU-K : **50 000 tr/min maximum**

Puissance du MGU-K : **120 kW maximum**

Énergie récupérée par le MGU-K : **2 MJ/tour maximum**

Énergie restituée par le MGU-K : **4 MJ/tour maximum**

Vitesse de rotation du MGU-H : **Supérieure à 100000 tr/min**

Énergie récupérée par le MGU-H : **Illimitée**

Depuis l'introduction des nouvelles règles aérodynamiques en 2022, les pontons des monoplaces ne cessent de faire parler d'eux.

→ 04

LA FEUILLE DE ROUTE DU A FLÉCHÉ

OBJECTIF 2026
PROGRESSION CONSTANTE

Alors qu'une révolution technique majeure se profile de nouveau à l'horizon, Bruno Famin, le nouveau directeur de la compétition du A fléché, détaille le plan de vol de la marque normande pour répondre présent au rendez-vous de 2026.

Bruno Famin, ici sur la grille du GP des Pays-Bas, supervise l'ensemble des activités compétition d'Alpine depuis l'été 2023.

BWT
BWT
MOBILIZE
FINANCIAL SERVICES
PIRELLI
GRID ACCESS

PRÉPARER L'AVENIR

Après avoir fini 4e du championnat Constructeurs en 2022, Alpine ambitionnait logiquement de se rapprocher des trois écuries de pointe que sont Red Bull, Mercedes et Ferrari en 2023. Si l'écart avec les meilleurs s'est globalement réduit sur un tour, le bond gigantesque d'Aston Martin et la résurgence de McLaren, après un début de saison délicat, ont compliqué la tâche des Bleus. Dans un univers aussi concurrentiel que la Formule 1, progresser ne suffit pas. Il faut « *aller plus vite, plus loin et plus fort* » que les autres. Tel est le mantra de Bruno Famin, nouveau grand patron de la compétition chez Alpine. Arrivé dans l'équipe début 2022 en qualité de directeur exécutif en charge de superviser le département moteur de Viry-Châtillon, l'ingénieur a été promu au cours de l'été 2023. Famin chapeaute désormais l'ensemble des activités du A fléché en sport automobile. Avec en ligne de mire, pour la F1, le bouleversement réglementaire prévu à l'horizon 2026. « *Cela ne veut pas dire que nous n'avons pas d'ambition d'ici là, on veut progresser à chaque course* », précisait le nouveau responsable peu de temps après sa nomination. Cette future révolution technique prévoit une refonte du châssis et l'introduction d'une nouvelle génération de groupes propulseurs hybrides dont la puissance électrique va quasiment tripler. Elle passera ainsi de 120 kW, actuellement développés par les MGU-K et MGU-H, à environ 350 kW pour le seul MGU-K. Les blocs fonctionneront avec un carburant 100 % renouvelable et développeront plus de 1000 ch tout en consommant à peine 70 kilos d'essence (contre 160 kg en 2013, dernière saison avec des V8 atmosphériques). Pour se préparer au mieux à cette échéance capitale, Alpine a procédé à une réorganisation d'envergure à Enstone. « *On a évidemment noté qu'on n'était pas au niveau que l'on attendait cette année*, détailla Famin durant l'été. *Nous étions 4e l'an passé, nous souhaitions nous battre pour la 3e place cette saison. Nous n'y sommes pas. Alors plus tôt on fera des changements au niveau du team, mieux ça vaudra. Ce n'est pas un projet pour l'année prochaine, mais un qui s'inscrit dans le temps. Ce qui compte, ce n'est plus le classement au championnat 2023, donc autant mettre en place les changements sans délai.* » Dans cette entreprise ambitieuse, Alpine peut également compter sur l'arrivée de nouveaux investisseurs au capital d'Enstone.

Esteban Ocon négocie la célèbre Parabolica de Monza.

« Aller plus vite, plus loin et plus fort que les autres. »

BRUNO FAMIN

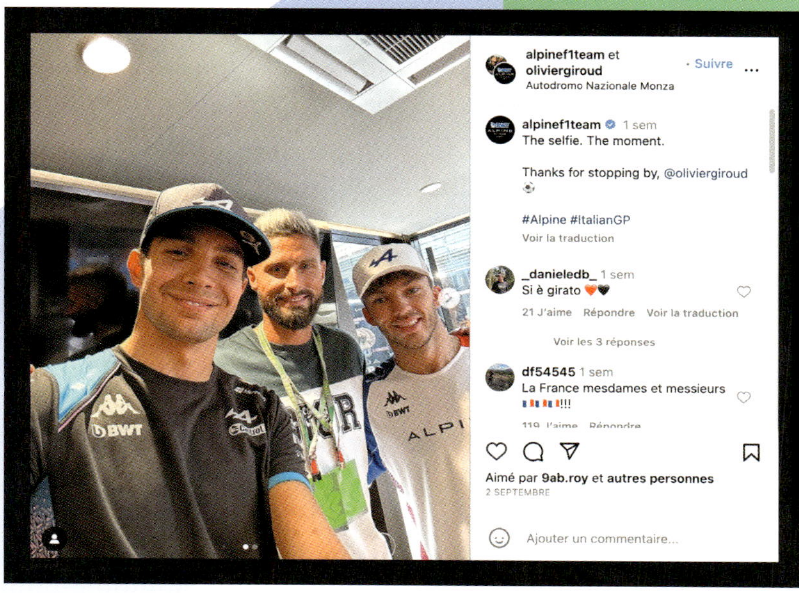

Un grand merci d'être venu passer une tête pour échanger et se plier au jeu de l'inévitable selfie @oliviergiroud
#Alpine #ItalianGP

Pierre Gasly célèbre la 3e place obtenue à Zandvoort dans une course au scénario haletant.

HOLLYWOOD À ENSTONE

Fin juin 2023, Renault Group et Alpine ont ainsi annoncé la prise de participation à hauteur de 24 % d'Alpine Racing Ltd d'un groupe composé des entités suivantes : Otro Capital, RedBird Capital Partners et Maximum Effort Investments. Parmi les investisseurs qui ont injecté 200 millions d'euros dans l'entité basée à Enstone (Viry n'est pas concerné et reste entièrement détenu par Renault Group) se trouve un certain Ryan Reynolds. Oui, on parle bien de la star hollywoodienne connue, entre autres, pour son rôle déjanté dans la saga *Deadpool*. Le Canadien n'en est pas à sa première incursion dans l'univers du sport puisqu'il est également copropriétaire, avec l'acteur américain Rob McElhenney, du club gallois de football Wrexham A.F.C. « *La transaction valorise Alpine Racing Ltd à environ 900 millions de dollars (environ 825 millions d'euros) à la suite d'un investissement qui permettra d'accélérer la stratégie de croissance ainsi que les ambitions sportives d'Alpine en Formule 1* », indique Renault Group. Les néo-actionnaires possèdent également une grande expérience en matière de création et de développement d'entreprises, à l'instar de leurs activités aux côtés de la franchise NFL des Dallas Cowboys (football américain), du Fenway Sports Group (qui détient les Boston Red Sox en baseball mais également le club anglais de Liverpool), ou encore du Toulouse FC en Ligue 1. Alpine bénéficiera ainsi de l'expertise de ses nouveaux investisseurs dans l'industrie du sport, notamment dans les domaines des médias, du sponsoring, de la billetterie, du réceptif, des licences et de la stratégie de merchandising ou produits dérivés pour créer de nouveaux leviers de croissance et générer de la valeur ajoutée. « *Ce partenariat accélérera le développement d'Alpine F1 en diversifiant les sources de revenus et en augmentant la valeur de la marque* », a salué Luca de Meo, CEO de Renault Group.

LIBÉRER LES ÉNERGIES

Après 18 mois dans les murs, Famin est convaincu qu'Alpine dispose des moyens, des compétences et des hommes pour remplir ces objectifs élevés en Formule 1. « *Il y a un travail à effectuer sur l'état d'esprit,* notait-il au moment de prendre ses nouvelles fonctions. *Il ne faut plus se satisfaire d'une position de milieu de grille. Il faut prendre chaque revers comme un coup de boost pour avancer. Nous avons énormément de talents et de richesses sur nos deux sites, il faut simplement trouver le moyen de les libérer.* » Plus que jamais, l'ingénieur, passé avec succès par Peugeot Sport et la FIA, veut renforcer les synergies entre les départements d'Enstone et Viry. Alpine est en effet l'une des quatre écuries d'usine du plateau F1, une situation qui se traduit par un avantage majeur en matière d'intégration du groupe propulseur dans le châssis. « *Cela fait clairement partie des axes d'amélioration,* soulignait Famin en évoquant la coopération entre l'Oxfordshire et l'Essonne. *Comme je viens de passer presque un an et demi à Viry, j'ai une petite idée de la situation. Je vais maintenant passer beaucoup de temps à Enstone dans ce but-là. Ce n'est pas un moteur qui gagne un championnat, ni un châssis seul, c'est le package dans son ensemble, et l'état d'esprit général.* » Bruno Famin mesure pleinement l'ampleur du défi qui attend Alpine d'ici le bouleversement de 2026, mais son parcours personnel et sa culture de la gagne plaident en sa faveur. Avec son ancien employeur, le responsable s'est imposé dans toutes les disciplines où il s'est engagé : victoire aux 24 Heures du Mans, à Pikes Peak, au Dakar et en championnat du monde FIA de rallycross. De bon augure pour la suite.

« Ce n'est pas un moteur qui gagne un championnat, ni un châssis seul, c'est le package dans son ensemble, et l'état d'esprit général. »

BRUNO FAMIN

Arrivé chez Alpine début 2022, Bruno Famin affiche une longue expérience en sport auto et a gagné partout là où il est passé.

Pierre Gasly à la sortie de l'impressionnant banking qui conclut le tour de Zandvoort.

Numéro d'équilibriste : Esteban Ocon à l'attaque en intermédiaires sur piste humide.

RENAULT
E-TECH
Castrol
ultimate
BWT
CHANGE THE WORLD
Castrol
Delphi

En tête à tête

BRUNO FAMIN, DIRECTEUR ALPINE MOTORSPORTS

Promu en juillet 2023, le nouveau patron de la compétition du A fléché revient sur la saison écoulée et donne les axes d'amélioration pour être prêts à saisir les opportunités offertes par la future réglementation 2026.

Quel regard portez-vous sur la campagne 2023 d'Alpine ?

→ Ce qui est clair, c'est que les performances n'ont pas correspondu à nos attentes. On ne va pas se mentir. On a vu qu'il y avait un certain nombre d'équipes qui avaient progressé et nous n'avons pas réussi à en faire de même. Cela veut dire qu'il faut que l'on se remette en question et que l'on travaille mieux et plus. C'est le constat. En parallèle, on se dit qu'on a des ressources et des compétences, qu'il n'y a pas de raison de ne pas y parvenir.

Comment faire pour maintenir le moral des troupes dans l'adversité ?

→ C'est un vrai problème car on a vite fait de glisser dans une spirale assez négative. Je pense qu'il faut croire en ce que l'on fait, donner confiance aux gens, libérer les énergies, libérer les états d'esprit. Encore une fois, les compétences et les moyens sont là. Il y a plein de choses à améliorer, sur les modes de fonctionnement par exemple. Mais toutes choses égales par ailleurs, il y a mieux à faire que ce que l'on fait, ne serait-ce qu'en exploitant mieux le potentiel de la voiture dans son ensemble, en étant meilleurs dans tout ce qui est exécution, réalisation, ça c'est pour le travail de piste. Pour le travail à l'usine, il faut qu'on arrive à faire mieux, plus vite, et à mettre un maximum d'évolutions sur la voiture.

Comment l'équipe a-t-elle évolué depuis votre arrivée en 2022 ?

→ Il faut bien garder à l'esprit que nous avons une vraie chance par rapport à six autres écuries au moins. Nous faisons à la fois le moteur et le châssis, c'est-à-dire la voiture dans son ensemble. Paradoxalement, certains voyaient ça comme un handicap. On nous dit que c'est compliqué entre Enstone et Viry, entre Anglais et Français, etc. Sauf qu'il faut prendre conscience de l'opportunité que cela représente. Nous avons la possibilité de concevoir et bâtir une monoplace parfaitement intégrée, au sens où le groupe propulseur est pensé spécifiquement pour le châssis, sans avoir à « s'encombrer » d'équipes clients ou d'un moteur qui ne serait pas le nôtre. Il faut qu'on arrive à faire en sorte qu'au quotidien, les gens de Viry et Enstone travaillent pour un seul et même projet et que l'on ne soit pas dans une relation fournisseur-client. On évoque souvent le fossé entre Anglais et Français, mais nous avons plus de 30 nationalités dans l'équipe. Cet argument ne tient pas. Le département châssis serait situé à Bordeaux, ce serait la même problématique.

« S'améliorer de manière continue. »

Depuis la Covid, on n'a plus d'excuse car on a tous les outils pour travailler à distance. Il n'y a aucune raison de ne pas y arriver.

Il y a tout de même un éloignement géographique entre les deux entités, que n'ont pas à gérer Mercedes et Ferrari par exemple ?

→ Le frein est dans la tête des gens. Ceux qui trouvent que c'est un handicap sont les mêmes qui auront du mal à se déplacer de l'atelier au bureau d'études à Viry, alors qu'il n'y a plus qu'une rue à traverser.

« La vraie richesse d'une entreprise, ce sont ses collaborateurs. »

Dans vos propos, on sent que l'humain est peut-être plus important encore que les infrastructures.

→ En Formule 1, il faut un certain nombre de moyens et d'outils, c'est indéniable. Mais quel que soit le projet, si les hommes ne travaillent pas ensemble… La vraie richesse d'une entreprise, ce sont ses collaborateurs. À ce titre, je crois en l'exemplarité, il faut que le management montre la voie à suivre, en termes de comportement et de proximité. On essaie de faire passer les messages régulièrement. Au cours de l'année à Viry, on a fait venir deux intervenants extérieurs. En mars, nous avons reçu Virginie Guyot, qui fut la patronne de la Patrouille de France en 2010. Elle a parlé de leadership, de confiance au sein d'une équipe. Toutes les positions, indépendamment du niveau hiérarchique, sont importantes. Si le mécanicien qui s'occupe de l'avion dit que l'appareil n'est pas prêt à décoller, le pilote, qui est pourtant bien plus gradé, n'a rien à dire. La fonction prime sur le grade. Et puis, fin août, on a reçu Philippe Croizon, sur le thème « *Tout est possible* ». Il délivre une énergie de fou et montre que beaucoup de choses se passent dans la tête. Je ne dis pas que ça réglera tout, mais c'est une série de petites choses qui font que les gens voient le verre à moitié plein plutôt qu'à moitié vide. Ceux qui rappellent qu'on a été champions du monde en 2005 et 2006 et nous expliquent comment on doit faire, se trompent. Mais c'est exactement la même chose pour les autres qui nous disent : « *De toute façon, les concurrents sont tellement forts qu'on n'y arrivera jamais* ». Les deux visions sont erronées. Il n'y a aucune raison de ne pas y arriver, mais il faut se *cracher dans les mains*.

Sur un plan plus technique, Alpine a-t-elle achevé sa croissance ?

→ À peu près. Il y a un gros plan d'investissements de part et d'autre. À Viry, on commence à arriver au bout, d'autant que le nombre d'équipements en développement moteur est réglementé par la FIA. On a refait un bâtiment pour moderniser tout ce qui était montage moteur. On a modernisé les outils. On est en train de finaliser deux bancs pour les machines électriques. À Enstone, il y a eu aussi de gros investissements et il y en a d'autres qui arrivent, notamment un simulateur flambant neuf. On crée une extension où l'on installera un simulateur qui sera à la pointe de la technologie, ce qui n'était plus le cas de notre équipement actuel. Cela se traduira par des gains de performance, car quand l'outil sera pleinement opérationnel, il nous aidera dans le développement des nouvelles voitures, mais également dans la préparation des week-ends de course. Après, on parle d'un horizon à 18-24 mois. C'est du long terme.

Comment votre rôle a-t-il évolué avec vos nouvelles fonctions ?

→ Cela représente bien plus de travail forcément. Je passe moins de temps sur les dossiers de Viry, mais j'ai des collaborateurs directs qui sont montés en puissance ces 18 derniers mois. Et puis on va avoir du renfort. On va accueillir un nouveau directeur technique en fin d'année. Le métier reste le même. C'est du management. En revanche, ce qui est chronophage, c'est de connaître et de comprendre. Il faut rencontrer les gens et savoir comment tout ça fonctionne. L'idée, ce n'est pas de dire : « *On efface tout et on recommence.* » Nous voulons identifier les domaines où l'on a vraiment du potentiel d'amélioration, que ce soit en matière de fonctionnement ou d'équipement. On parlait du simulateur, mais on a aussi des bancs pour des boîtes de vitesses qui vont arriver à Enstone.

Avez-vous prévu de nommer un nouveau directeur technique côté châssis également ?

→ À l'instant T, nous n'avons pas prévu de remplacer Pat Fry qui était le Chief Technical Officer (CTO). En théorie, il était un petit peu au-dessus de Matt Harman, mais dans les faits, ils travaillaient de manière très complémentaire. En ayant collaboré avec Pat pendant trois ans, Matt a pu acquérir de nouvelles compétences. Il est tout à fait mûr pour continuer ainsi. On n'a pas besoin de doubler avec un nouveau CTO. Je pense qu'il faudrait plutôt le renforcer au niveau de ses collaborateurs directs.

Qu'en est-il du poste de team principal, que vous occupez par intérim ?

→ On ne s'interdit rien. Je suis dans une phase de récolte d'informations et de diagnostics. On veut se laisser le choix de mettre quelqu'un d'autre. Ou pas. Même chose pour Julian Rouse, le directeur sportif par intérim. On verra comment ça se passe pour lui et pour l'équipe au niveau professionnel mais aussi personnel. Ce sont des métiers très prenants. J'arrive à un moment où j'ai moins de contraintes alors que lui en a davantage car il est plus jeune. On veut se donner la possibilité de faire évoluer ça.

Vivre la course depuis le muret des stands, ça vous plaît ?

→ Alors je ne suis pas sur le muret, mais caché dans le garage (rires) car je n'ai aucune valeur ajoutée sur le déroulement de la course. Il y a des gens dont c'est le rôle. En général, moins il y a d'intervenants en course, mieux ça se passe. C'est ma philosophie. Chacun son métier. On a des gens compétents en gestion sportive, en stratégie et en performance voiture. On ne vient pas leur marcher sur les pieds pendant qu'ils bossent. Si on prend l'exemple de Zandvoort, le stratège en chef (Matthieu Dubois) s'est exprimé directement, sans ambiguïté, et ça a suivi derrière (3e place de Pierre Gasly grâce notamment à une stratégie inspirée sous la pluie). Ce fut un vrai plus. On veut que chacun puisse jouer son rôle au mieux. Et ce n'est pas grave si la réussite n'est pas au rendez-vous. Quand vous êtes dans un milieu de plateau ultra-compétitif, il faut prendre un minimum de risques.

Quel regard portez-vous sur les pilotes Alpine, leurs performances, leur collaboration ?

→ Je pense que ça se passe très bien. Aujourd'hui, on est dans une étape où c'est à nous de leur donner une voiture plus performante et un meilleur environnement, clairement. Nous avons deux très bons pilotes, qui font le job. Contrairement à ce que pas mal de journalistes

Bruno Famin veut mettre les pilotes Alpine (ici Pierre Gasly) dans les meilleures conditions.

et d'observateurs ont pu écrire en début de saison, ils s'entendent bien. Il y a de l'émulation car on sait que le premier concurrent d'un coureur, c'est son équipier, mais c'est sain et constructif pour l'écurie. Quand l'un est devant l'autre, forcément c'est la voiture qui marche mieux. Et celui qui est derrière, l'auto est moins bien, moins bien réglée, etc. C'est humain et c'est ce qu'on leur demande. Ça tire l'équipe vers le haut.
Un pilote qui se satisfait d'être derrière son coéquipier, je n'en veux pas.

Quelle est votre feuille de route pour les années à venir ?

→ En 2026, la Formule 1 va introduire un nouveau règlement moteur mais également une réglementation châssis différente. Il s'agira d'une grosse révolution. Ça va changer beaucoup de choses : la gestion de l'énergie va être très différente, les profils de vitesse, l'aéro – il y aura peut-être de l'aérodynamique variable. Ce sera une étape majeure et on a l'habitude de dire – ce qui est vrai – que les bouleversements de hiérarchie se font tout de même à l'occasion de changements de réglementation. Il y a une énorme fenêtre et presque tout le monde l'attend. Maintenant, d'ici là, l'idée c'est de s'améliorer de manière continue, de savoir saisir les opportunités comme on a su le faire à Monaco et Zandvoort, de mieux travailler dans les usines, de renforcer l'intégration du moteur, de glaner des millisecondes là où on le peut, de réduire la masse, etc. L'objectif, c'est d'être prêts pour 2026 avec le changement de réglementation majeur prévu cette année-là. On ne donne pas d'objectif de Grand Prix, de victoire, de titre, de place au championnat. Il faut qu'en 2026 on soit en capacité de se battre.

ALPINE
Castrol
BWT

05

LE DÉVELOPPEMENT, LE NERF DE LA GUERRE

→ 05 *LE DÉVELOPPEMENT, LE NERF DE LA GUERRE*

DE L'USINE À LA PISTE

En dehors des Grands Prix, les écuries de Formule 1 se livrent une autre course, tout aussi intense et passionnante : celle qui consiste à faire évoluer leur monoplace le plus vite et le plus efficacement possible. Car les voitures qui rouleront à Abu Dhabi en tomber de rideau de la saison sont bien différentes de celles qui participèrent au coup d'envoi de Bahreïn neuf mois plus tôt. Les têtes pensantes d'Alpine lèvent le voile sur ce marathon de l'ombre.

Basé à Enstone au cœur de l'Oxfordshire anglais, le département châssis Alpine ne dort jamais vraiment.

MATIÈRE MOUVANTE

À première vue, l'Alpine A523 qui participera au Grand Prix d'Abu Dhabi 2023, épreuve finale du championnat, ressemblera beaucoup à celle vue du côté de Bahreïn en ouverture de la saison. Exception faite de la livrée qui sera passée du rose au bleu à partir de la 4e épreuve de l'année à Bakou (Azerbaïdjan). Pourtant, à y regarder de plus près, les changements ne manqueront pas, aussi bien en surface que sous la carrosserie. Une monoplace de Formule 1 est une matière mouvante que les écuries ne cessent de transformer au fil des courses. Si certaines évolutions sont apportées en raison de la nature très spécifique du tracé visité (exemple : les ailerons arrière à fort appui pour le circuit urbain de Monaco), d'autres ont pour objectif de conserver une longueur d'avance sur la concurrence. Ou bien combler l'écart avec les meilleurs plus rapidement. Comme le veut l'adage dans le paddock : si vous ne progressez pas, vous régressez. La concurrence, elle, ne reste pas les bras croisés. En 2022, Alpine s'est distinguée par la qualité de son développement, aussi bien en matière de rapidité que d'efficacité. Concrètement, les nouveautés introduites furent prêtes dans les temps et elles permirent aux Bleus de débloquer davantage de performance pour glaner la 4e place du championnat Constructeurs. « *Nous avions un excellent programme, nous étions organisés, nous savions quel était notre budget, et nous avons répondu aux attentes dans le cadre de ces ressources,* confie le directeur technique Matt Harman en évoquant les évolutions installées sur l'A522. *Tout ce que nous avons développé est arrivé sur la voiture et s'est traduit par un gain de performance. C'est la preuve du bon travail de l'équipe et de ce que nous avons mis en place, pas seulement sur le plan technique mais également opérationnel.* » Comment faire en sorte que cette efficacité redoutable devienne la norme ? Tel est l'enjeu du long travail de restructuration effectué dans les usines d'Enstone et de Viry-Châtillon ces dernières années.

Le développement d'une Formule 1 est un travail de très haute précision, similaire à celui de l'horlogerie ou de l'orfèvrerie.

Certains tracés atypiques et peu représentatifs, comme celui de Monaco, se prêtent moins à l'introduction d'évolutions sur la voiture.

PLANIFICATION ET FLEXIBILITÉ

Chaque début de saison, l'écurie dispose d'une feuille de route avec un programme d'évolutions à venir. Outre les délais de conception et production, il faut tenir compte de la nature des meetings à venir. Ainsi, introduire une nouveauté sur un circuit urbain potentiellement cassant et finalement peu représentatif aura sans doute moins d'intérêt que sur une piste plus traditionnelle. Depuis 2021, certains week-ends de GP incluent également un Sprint le samedi après-midi. Passées de trois à six en 2023, ces manches courtes d'une centaine de kilomètres sont maintenant accompagnées de leur propre séance de qualifications : le « Shootout ». Conséquence : les meetings Sprint ne comportent plus qu'une seule séance d'Essais Libres le vendredi matin. Dès lors, les écuries ont tendance à éviter ces rendez-vous trop aléatoires pour installer des évolutions. Cette règle n'est pas immuable et Alpine en prit d'ailleurs le contre-pied à Bakou fin avril. Tout simplement parce que le nouveau fond plat de l'A523 était prêt et synonyme de performance accrue. Le scénario compliqué du week-end azerbaïdjanais empêcha la marque au A fléché d'exploiter ce nouveau potentiel. Mais Matt Harman ne regrette pas le choix d'être arrivé sur les bords de la mer Caspienne avec une voiture améliorée. « *L'évolution de Bakou a été lancée deux Grands Prix plus tôt que prévu,* détaille le directeur technique. *On le doit à l'attitude tenace et la volonté implacable que nous avons dans l'équipe. Nous voulons progresser et aller de l'avant. Nous avons un excellent groupe de gestion de projet. Leur rôle consiste à nous fournir toutes les informations nécessaires en matière de performance, risque, planning, coût, quantités, etc. De telle sorte que nos décisions sont prises sur la base de ce que nous sommes en mesure de faire et non pas de ce que nous pensons être capables d'accomplir. Cela fonctionne très bien, et l'écurie continue de se développer dans ce domaine.* » La feuille de route établie en début de saison se doit de rester flexible et malléable. Car les écuries de Formule 1 sont constamment en train de devoir ajuster et adapter leur tableau de marche. Tout en respectant le plafond budgétaire instauré en 2021. Initialement fixé à 145 millions de dollars, il est passé à 140 millions l'année suivante, puis 135 millions en 2023 (avec un léger réajustement pour tenir compte de l'inflation).

Bijou de technologie et de précision, le moindre aileron avant nécessite un gros travail de conception et développement en amont.

DES OUTILS ULTRA-POINTUS

Pour développer sa monoplace, Alpine, comme ses rivales, s'appuie sur un équipement de haute technologie dont les outils les plus connus sont la soufflerie et la mécanique des fluides numérique (abrégée en « CFD » pour « computational fluid dynamics » en anglais). « *Pour résumer, c'est un gros ventilateur qui souffle sur une F1 à l'échelle 60 %,* sourit Matt Harman quand on lui demande de nous décrire la soufflerie en des termes compréhensibles par un béotien. *Dans les faits, c'est un outil incroyablement précis, itératif et parfaitement maîtrisé. Il y a un nombre incalculable d'éléments et d'instruments, des outils pour mesurer l'écoulement des flux, la pression, les systèmes. C'est un système actif, donc vous pouvez reproduire le lacet de la voiture avec un courant d'air fixe. Cela nous permet non seulement de comprendre les caractéristiques de la voiture en ligne droite mais également dans les virages. Nous avons également un tapis mouvant pour comprendre les effets de sol. C'est assez impressionnant à voir.* » La CFD, pour sa part, est une technologie qui permet de visualiser des champs de pression ou des champs d'écoulement de flux sur des surfaces et des géométries. L'un des plus grands défis auxquels les écuries F1 sont confrontées est lié à la corrélation entre les données récoltées en piste et celles observées en CFD et soufflerie à l'usine. « *Vous aurez remarqué sur certains week-ends que nous utilisons de gros appendices aérodynamiques sur la voiture en Essais Libres,* détaille encore Matt Harman. *C'est pour corréler entre la soufflerie et la piste, puis entre la soufflerie et la CFD. Il faut essayer de faire en sorte que le triangle en question soit aussi resserré que possible. Évidemment, la piste est reine. La soufflerie est une approximation de la piste, et la CFD est une approximation des deux. Il y a forcément des petites pertes et nous devons les gérer et les corriger. Lorsque nous changeons un champ de flux, il faut ensuite corriger encore et toujours. C'est un processus constant de corrélation et de vérification. Si vous perdez cette corrélation entre ces trois éléments, vous êtes en difficulté. Heureusement, de notre côté, nous sommes bien placés dans la plupart des domaines de la voiture.* » Dans une volonté de réduction des coûts, mais aussi de rééquilibrage des performances sportives, le travail en soufflerie et en CFD fait l'objet d'un encadrement strict de la part de la FIA, l'organe régulateur de la Formule 1.

UN USAGE ENCADRÉ

Il y a quelques années encore, les écuries avaient le droit d'effectuer 65 essais en soufflerie par semaine. En 2021, ce nombre est tombé à 40 et encore il s'agissait là d'une allocation standard qui allait servir de référence pour un autre mécanisme introduit en parallèle du plafond budgétaire : une échelle de développement dégressive. Concrètement, l'écurie championne du monde des Constructeurs en 2020 n'allait avoir le droit d'utiliser que 90 % de ce quota l'année suivante (soit 36 runs). À l'autre extrémité du spectre, l'équipe arrivée dernière allait bénéficier de 112,5 % de ces 40 runs (45 essais). À partir de 2022, le barème est devenu encore plus limitatif pour les écuries de pointe : les champions 2021 n'eurent plus que 70 % de l'allocation annuelle (28 runs) contre 115 % pour la cuillère de bois (46 essais). Le nombre de simulations autorisées en CFD est encadré par la même échelle dégressive. Mais comment la FIA fait-elle pour contrôler le respect de ces restrictions ? La soufflerie contient des caméras qui prennent des photos de la voiture durant les différentes séances. L'écurie doit envoyer un rapport à la FIA dans lequel elle déclare chaque run en soufflerie. Elle doit en faire de même avec la CFD. Les officiels de la fédération viennent de temps à autre pour vérifier que tout est en ordre. Inédites et drastiques, toutes ces mesures ont-elles eu pour autant l'impact espéré ? Matt Harman prône la patience dans ce dossier. « *Ce genre de règle a besoin de trois ans pour qu'on en saisisse les effets,* estime le leader technique d'Enstone. *Idem pour le plafond budgétaire. Le budget cap deviendra vraiment efficace quand certains investissements réalisés avant son entrée en vigueur seront devenus obsolètes. On verra alors si la vitesse de développement des meilleures est ralentie. Les saisons 2024 et 2025 seront très intéressantes à suivre dans cette perspective.* »

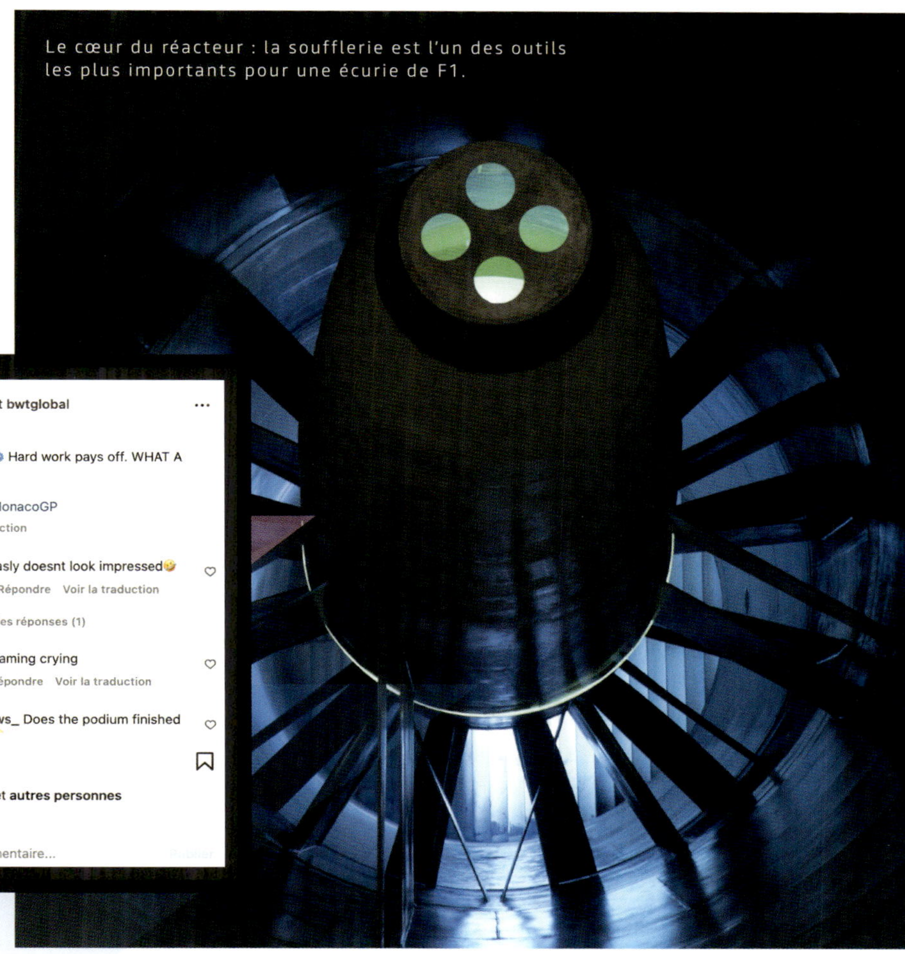

Le cœur du réacteur : la soufflerie est l'un des outils les plus importants pour une écurie de F1.

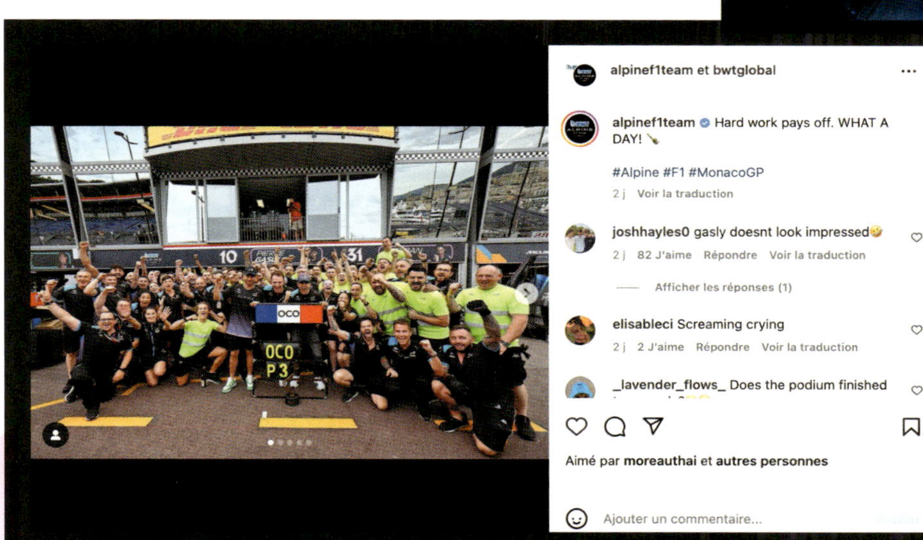

Les efforts paient. Quelle journée !
#Alpine #F1 #MonacoGP

PÉRIODE DE CROISSANCE

En réduisant le recours aux différents outils de développement, les restrictions fédérales ont mis en lumière la nécessité d'optimiser le travail de réflexion en amont. Par le passé, il était courant pour les top teams et leurs budgets confortables d'imaginer de nombreux concepts de façon simultanée, de les tester virtuellement, et d'en lancer la production pour n'en utiliser au final qu'un seul, voire aucun. Aujourd'hui, les écuries n'ont plus ce luxe. D'où l'importance également d'avoir l'équipement le plus pointu possible pour tirer la quintessence des outils à disposition dans le cadre légal défini. Dans ce domaine, Alpine a effectué ces progrès importants depuis le rachat de l'ancienne écurie Lotus par Renault fin 2015. Matt Harman admet que l'écurie Alpine n'a *« pas fini de grandir »*. Les recrutements stratégiques se poursuivent, de nouveaux outils continuent d'arriver. En mai dernier, les patrons techniques d'Enstone jugeaient qu'il faudrait encore un an et quelques avant que tout ne soit en place. Sachant qu'une écurie de Formule 1, de par son ADN compétitif, ne cesse de vouloir s'améliorer dans tous les domaines. Autrement dit : une fois les structures d'Enstone et Viry optimalisées, Alpine continuera de chercher des moyens de se renforcer dans un processus itératif sans fin.

L'Alpine A523 ne cesse d'évoluer tout au long de la saison, soit par petites touches, soit *via* des évolutions plus conséquentes.

Inauguré en 2011, le simulateur F1 d'Enstone a bénéficié d'un sérieux lifting en 2018.

UN SIMULATEUR AUX BÉNÉFICES BIEN RÉELS

Si le travail en soufflerie et CFD est rigoureusement encadré par les autorités fédérales, ces restrictions ne s'appliquent pas à un autre outil très utile dans le processus de développement : le simulateur. Celui d'Enstone est en service depuis 2011 et il a reçu une mise à jour d'envergure en 2018. Il s'agit d'une plateforme sur vérins installée face à des écrans géants et conçue pour reproduire le plus fidèlement possible le comportement de l'Alpine A523 ainsi que toutes les caractéristiques des différentes pistes du calendrier (inclinaison des virages, abrasivité du tarmac, température, etc.). L'équipe d'ingénieurs en charge de le faire fonctionner peut modifier les réglages de la voiture à loisir et à l'infini. L'écurie peut ainsi tester de potentielles évolutions avant même que celles-ci ne voient le jour : un gain de temps et d'argent considérable. Jadis considéré comme un outil utile mais pas nécessairement vital, le simulateur est devenu, la technologie aidant, un instrument indispensable de la performance. C'est précisément pour cela qu'Alpine a lancé la construction d'un dispositif flambant neuf, qui entrera en service à l'horizon 2025.

Les volants F1 sont de véritables ordinateurs de bord que l'on peut configurer à loisir pour le pilote.

En tête à tête

BEN MORGAN, RESPONSABLE DE L'ÉQUIPE EN CHARGE DU SIMULATEUR À ENSTONE

« Sans simulateur, vous passez à côté de beaucoup de choses. »

Le simulateur se révèle également utile pour se familiariser avec les nouvelles pistes ou les circuits non permanents comme celui de Miami.

Impliqué dans l'univers des outils de simulation en sport automobile depuis 23 ans, l'ingénieur a rejoint Enstone il y a 6 années. Il nous parle de son rôle et de l'évolution des simulateurs F1 au fil du temps.

Comment décririez-vous votre métier ?

→ Avec le simulateur, nous essayons de recréer l'expérience du pilotage d'une Formule 1 mais à l'usine. Exploiter une voiture générée par ordinateur coûte beaucoup moins cher que mener des tests en piste. Cela nous permet d'éprouver des solutions virtuellement alors que ces évolutions seraient difficiles, voire impossibles à produire dans la réalité. Nous sommes une équipe de tests F1, mais nous évoluons dans un monde créé par l'ordinateur.

Votre activité fait-elle l'objet de restrictions FIA ?

→ Nous ne sommes pas limités par la FIA, si ce n'est que toutes nos activités sont incluses dans le budget plafonné. Comme dans bien d'autres domaines, il nous est essentiel de fonctionner de manière efficace et d'utiliser au mieux les ressources qui nous sont allouées. Mais pour ce qui est du temps d'utilisation, du volume de données générées, il n'y a pas de restrictions.

À quel point la technologie a-t-elle évolué au cours des 20 dernières années ?

→ Les plus gros progrès ont été effectués au niveau des systèmes visuels : la qualité du rendu à l'écran et les moyens d'affichage (résolution, éclairage, vitesse, etc.). La puissance de calcul des ordinateurs a énormément augmenté également. C'est devenu vraiment impressionnant. Plus vous avez une grande capacité informatique, plus vous pouvez reproduire l'exploitation d'une monoplace avec fidélité. Il y a également des progrès en matière de compréhension des plateformes de mouvement. Toutes les écuries les utilisent pour reproduire les sensations que procure une voiture en action. La technologie a progressé dans ce domaine-là également.

On comprend que le simulateur F1 n'est plus un luxe.

→ Très clairement. Sans simulateur, vous passez à côté de beaucoup de choses, et votre contribution au développement du véhicule est moindre. Le simulateur intervient avant que des fonds soient alloués pour peaufiner un concept et/ou produire une nouvelle pièce. Quand nous testons un nouvel élément dans le simulateur, il est au tout début de la phase de conception. Nous sommes une étape-clé pour comprendre quelles innovations sont les plus susceptibles de fournir de la performance en fonction des sommes investies. Dans un contexte de budget plafonné et de ressources restreintes, le simulateur prend une importance capitale pour savoir où concentrer ses efforts de manière efficace, rationnelle et utile.

À quelle fréquence Pierre Gasly et Esteban Ocon travaillent-ils dans le simulateur ?

→ Le calendrier et les plannings sont un défi pour nos titulaires. Ils ont beau être talentueux et parfaitement

entraînés, ce ne sont pas des surhommes qui peuvent revenir du bout du monde à l'usine en quelques heures. C'est éprouvant pour eux. Généralement, ils passent quelque chose comme 15-16 journées chacun par an dans le simulateur. On les fait venir entre des séries de courses qui s'enchaînent. Quand ils sont là, on s'assure de passer en revue les enseignements des dernières courses, mais aussi de préparer les GP à venir.

Comment vous procurez-vous les circuits, notamment les nouveaux comme le tracé de Las Vegas ?

→ Il est très bénéfique pour les pilotes de pouvoir se familiariser avec les nouvelles pistes sur le simulateur. Nous récupérons les tracés par l'intermédiaire d'un fournisseur externe. Il se charge de scanner le circuit au laser de façon très fidèle avec une foule de détails. Il a une grande expérience et le rendu est de très haute qualité. Je sais que notre partenaire fournit également un certain nombre d'autres écuries F1. D'autres font ça en interne, mais ce sont des ressources supplémentaires à prendre en compte.

À quelle fréquence mettez-vous à jour le simulateur ?

→ Les mises à jour dépendent vraiment des nouvelles technologies disponibles. Vont-elles toutes se traduire par un gain de performance ? Nous devons nous montrer très rationnels avec notre budget et justifier le moindre investissement. Un bon exemple concerne les technologies d'affichage et de projection, de rendu de l'image. Nous sommes arrivés à un stade où les progrès actuels ou à venir n'apportent plus autant, tellement la technologie a progressé ces 20 dernières années. Nous sommes arrivés à un rendu si réaliste qu'il est difficile de justifier une grosse mise à jour dans ce domaine. Car ce que nous avons actuellement correspond à nos besoins. En ce qui concerne la puissance de calcul des ordinateurs, nous faisons tout ce qui est en notre pouvoir pour avoir les tout derniers développements dans cette technologie. Ces facteurs peuvent être mis à jour plus fréquemment, tous les 3-4 ans par exemple. On garde un œil sur ce qui se fait, et on voit si ça a un sens économiquement.

« Le simulateur est un super outil pour permettre au coureur et à son ingénieur de prendre leurs marques et trouver des automatismes. »

À quoi ressemble une séance dans le simulateur ?

→ Cela dépend de la nature du test à effectuer. Quand les titulaires sont présents, nous avons généralement plus de monde dans la salle car ils peuvent exploiter au mieux ce temps de travail. On peut se retrouver avec cinq ingénieurs dans la pièce, mais un seul communique avec le pilote. C'est un protocole bien huilé. Nous essayons de fonctionner dans le simulateur comme on le fait en piste, avec les mêmes systèmes et protocoles. Le pilote et son ingénieur sont habitués aux méthodes quand ils viennent dans le simulateur. Pour un test de développement – quand on étrenne un nouveau concept –, il y a généralement moins de monde, quelque chose comme trois personnes pour faire fonctionner le simulateur et conduire la collecte et l'analyse de données.

Les ingénieurs de course des titulaires (Karel Loos pour Pierre Gasly, Josh Peckett pour Esteban Ocon) sont-ils présents ?

→ Oui et c'est encore plus utile quand on accueille un nouveau pilote comme Pierre cette année. Le simulateur est un super outil pour permettre au coureur et à son ingénieur de prendre leurs marques et trouver des automatismes. C'est un environnement où la pression est moindre naturellement. Vous n'avez pas d'équipe de télé ou de caméras braquées sur vous en permanence. Le timing est moins serré. Ils peuvent prendre le temps de vraiment échanger sur leur relation. Plus tard dans la saison, il est également utile d'avoir l'ingénieur de course pour préparer les manches à venir et gagner du temps une fois arrivés sur place.

Avez-vous noté un changement d'attitude des pilotes vis-à-vis du simulateur au fil des années ?

→ Effectivement, j'ai noté un vrai changement au cours de ma carrière. Et ce n'est pas parce que la jeune génération se rend davantage compte des bénéfices du simulateur, c'est juste qu'ils ont grandi dans cet univers virtuel dès les formules de promotion. Ils ont une meilleure idée des domaines où le simulateur peut les aider. Les coureurs plus expérimentés n'avaient jamais rencontré cet outil auparavant. On avait parfois des soucis avec eux car ils avaient la nausée, le mal des transports. Ils avaient du mal à tirer la quintessence de la technologie. Ce n'est plus du tout le cas aujourd'hui.

Qu'est-ce vous aimez le plus dans votre métier ?

→ La partie la plus sympa de mon job, c'est la possibilité de voir arriver les concepts et les innovations sur la voiture depuis tous les départements. Les écuries de Formule 1 sont tellement grandes et spécialisées de nos jours qu'il est compliqué d'avoir une vision d'ensemble de tout ce qui est fait à l'usine. Dans le simulateur nous avons l'occasion de voir arriver un nouveau concept en aéro, au niveau des suspensions, des systèmes de contrôle, etc. Et puis nous sommes dans la boucle en ce qui concerne les soucis à régler pour l'équipe. Nous sommes vraiment aux premières loges pour aider à extraire de la performance.

Et quel est le plus gros défi ?

→ Sur le plan technique, ce sont les pneumatiques. Leur comportement est très inconstant. Cela dépend tellement des conditions de la piste et de la météo. C'est compliqué de reproduire cela dans un univers virtuel. Cela nous prend beaucoup de temps, tout comme la capacité de reproduire fidèlement les sensations qu'éprouvent les pilotes en piste. Naturellement, c'est impossible d'être 100 % réaliste mais on essaie tout de même.

Enfin, quel est le prix d'un simulateur F1 ?

→ C'est très compliqué de vous donner un chiffre précis car il y en a de toutes les tailles, de toutes les formes, de toutes les finitions, y compris pour les modèles utilisés en Formule 1. Vous pouvez probablement obtenir quelque chose d'assez standard pour 1 million de livres sterling, mais la note peut facilement grimper à un montant dix fois plus élevé si vous voulez une technologie dernier cri dans un grand espace. C'est une grande fourchette mais on est clairement sur un prix à sept chiffres.

Pierre et Esteban lors du lancement de l'Alpine A523 à Londres en début d'année.
La voiture qu'ils retrouvèrent en piste était logiquement différente.

→ 06
ALPINE
ALPINE

LA PERFORMANCE
À DISTANCE

→ 06 LA PERFORMANCE À DISTANCE

EN PRISE DIRECTE

La limitation des essais privés, les restrictions de personnel et les progrès en matière de technologie et connectivité ont encouragé Alpine à développer des extensions de sa cellule de course au cœur de ses usines. La salle des opérations et le simulateur en sont les incarnations les plus abouties. Coup de projecteur sur ce télétravail d'un genre un peu particulier.

L'Alpine A523 embarque des centaines de capteurs qui permettent aux ingénieurs d'étudier son comportement. Dans le garage comme à l'usine.

RENAULT
E-TECH
Castrol

EN TEMPS RÉEL

Vendredi 31 mars 2023, 12h30, heure de Melbourne. Le feu au bout de la voie des stands de l'Albert Park passe au vert, marquant le coup d'envoi des Essais Libres 1 du Grand Prix d'Australie. Pierre Gasly et Esteban Ocon quittent le garage Alpine pour s'aventurer en piste avec leurs A523. À plus de 15 000 kilomètres de là, il est 2h30 du matin et la campagne anglaise de l'Oxfordshire dort du sommeil du juste. Toute la campagne anglaise ? Non. Au cœur des installations Alpine d'Enstone, la salle des opérations du A fléché est une ruche d'activité studieuse et silencieuse. Dans ce centre de contrôle, on peut avoir l'impression d'être à la NASA le jour du lancement d'une fusée. Tout devant, un mur d'écrans diffuse une myriade d'informations : analyses GPS, relevés de télémétrie, positionnement des pilotes en piste, temps au tour, faisceau de la réalisation télé internationale, etc. Face à eux se trouvent des rangées de tables où s'installent les ingénieurs maison. Chacun dispose d'un écran, de son ordinateur portable et d'un panneau de communication avec casque-micro pour interagir avec ses collègues : ceux présents dans le garage à Melbourne ; leurs homologues actuellement en poste dans la salle des opérations du département moteur à Viry-Châtillon (où il est 3h30) ; mais aussi leurs camarades assis à quelques mètres. « *La moindre conversation a lieu via l'intercom,* nous explique l'ingénieur Raúl Úbeda Sala qui fait partie de cette équipe de soutien. *On n'enlève jamais nos écouteurs pour parler, y compris avec les gens situés juste à côté de soi, car on ne veut pas manquer la moindre info, typiquement les commentaires des pilotes.* » Car oui, la pieuvre qui regroupe les différents canaux contient également les lignes qui permettent d'entendre Esteban Ocon et Pierre Gasly échanger avec leurs ingénieurs de course, respectivement Josh Peckett et Karel Loos. Impossible néanmoins pour un ingénieur d'Enstone d'interpeller Pierre ou Esteban à la volée : certaines voies de communication sont logiquement à sens unique pour limiter le risque d'interférence et de confusion. Mais que font au juste ces armées d'ingénieurs Alpine à cette heure indue ?

Les ingénieurs Alpine présents au circuit disposent d'un motorhome spécial afin de pouvoir travailler dans un calme tout relatif.

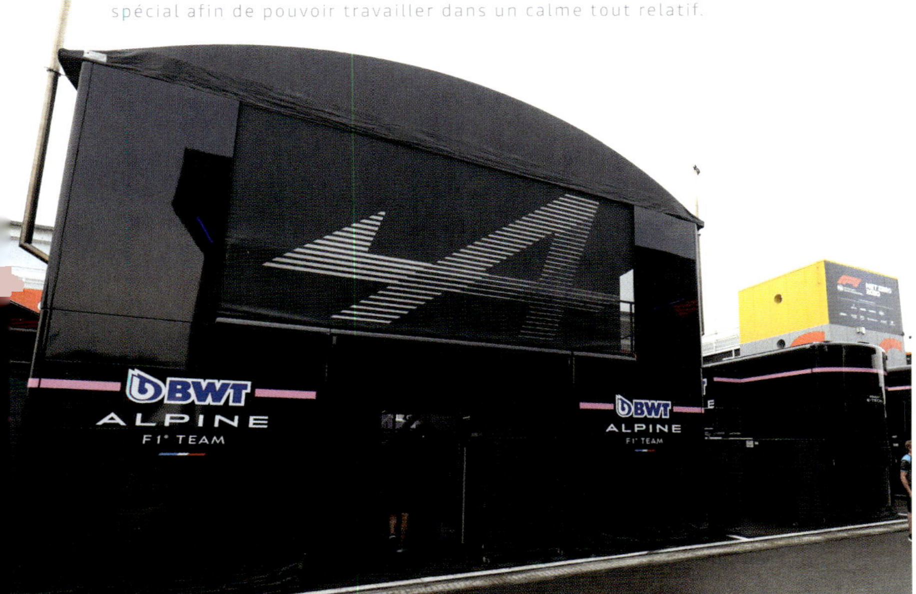

HORAIRES DÉCALÉS

Eh bien ils participent eux aussi aux Essais Libres 1 du GP d'Australie. À leur manière. « *Pour schématiser, la salle des opérations* (« ops room » dans la langue des techniciens. Ndlr) *représente une extension du bureau d'ingénierie que nous avons en piste,* nous explique Dominic Hale, qui travaille lui aussi en qualité d'ingénieur support course. *La connectivité, les données, les communications, les faisceaux TV que vous avez en piste : toutes ces informations sont disponibles dans l'ops room. Nous avons même accès à des choses en plus. Le règlement FIA impose une limite au nombre de personnes qui peuvent se rendre en piste* (115 membres par écurie, dont 58 affectés directement à l'exploitation de la voiture. Ndlr). *Par conséquent, on tend à envoyer sur place un représentant de chaque groupe d'ingénieurs. Et chacun d'entre eux disposera d'une escouade de soutien dans l'ops room.* » Si l'ambiance est plus calme dans la nuit britannique, la séance n'en reste pas moins intense pour les ingénieurs. « *Il faut prêter attention à tout ce qu'il se passe et réfléchir vite,* nous raconte encore avec enthousiasme Raúl Úbeda Sala. *Il se passe beaucoup de choses en même temps. Il faut écouter les pilotes, regarder les données, garder un œil sur un potentiel*

Qu'ils soient dans le garage ou dans l'ops room, les techniciens du A fléché ont tous accès aux mêmes informations en temps réel.

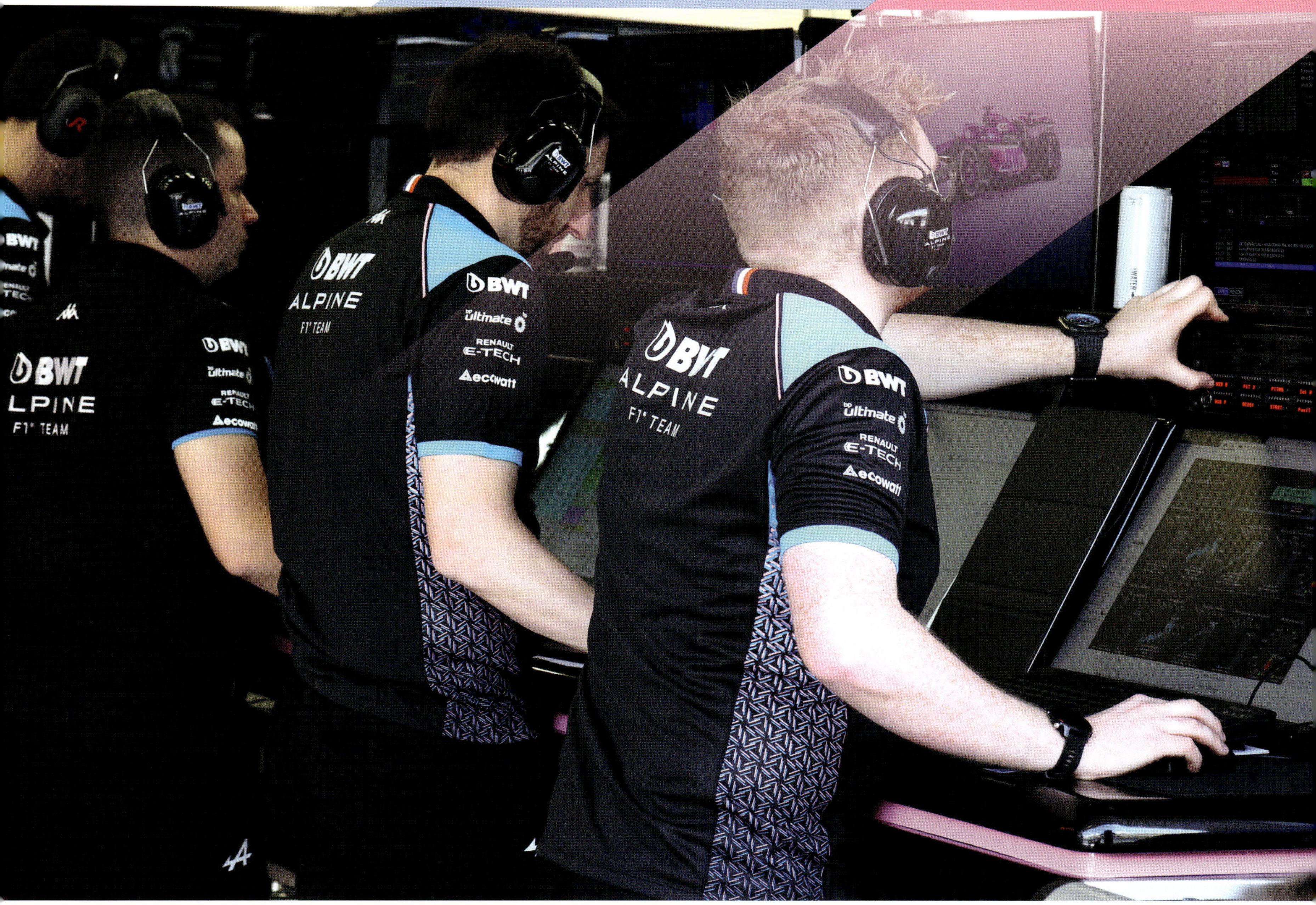

souci que le pilote n'aurait pas encore identifié, etc. Si un problème se manifeste, il faut très vite voir d'où il vient : est-ce un capteur ? Un calcul ? Autre chose ? C'est comme un jeu ; il faut avoir le cerveau qui opère à 200 %. » Le gros du travail de l'ops room intervient néanmoins à la conclusion des roulages du vendredi. Après les Essais Libres 2, les ingénieurs présents au circuit débriefent les séances puis envoient à l'usine une liste d'analyses et de calculs à effectuer, de points à traiter, de pistes à explorer. Le tout avant les EL3 qui ont lieu samedi matin en heure locale. Depuis plusieurs années, la FIA a mis en place un couvre-feu qui interdit aux écuries de travailler après une certaine heure, et ce afin de ménager le personnel F1. Mais cette règle ne s'applique pas aux salles des opérations. Si bien que les ingénieurs restés à l'usine ont tout loisir de décortiquer les données pour essayer de trouver de meilleurs réglages avant les qualifications du samedi. En fonction du décalage horaire, ce travail de sape emmène parfois les ingénieurs d'Enstone et Viry jusque très tard dans la nuit. « *L'avantage* » avec l'Australie, c'est que la nuit du vendredi à samedi, période la plus chargée pour l'ops room, correspond au vendredi après-midi en Europe. C'est un moindre mal pour les courageux qui se sont levés bien avant l'aube, une catégorie qui inclut également le personnel de la cantine. Lui aussi travaille en horaires décalés pour assurer le ravitaillement des troupes.

LES ÉQUIPES DU SIMULATEUR SUR LE PONT ÉGALEMENT

La salle des opérations n'est pas le seul département mobilisé en parallèle des Grands Prix. C'est également le cas d'un autre service, qui travaille main dans la main avec l'ops room et la piste. « *Nous utilisons le simulateur vendredi soir généralement, après les Essais Libres 2,* confie Ben Morgan, responsable de l'équipe en charge du dispositif à Enstone. *Le premier job consiste à reproduire le comportement de la voiture au circuit sur le simulateur. C'est un travail de corrélation dans un premier temps. Ensuite, nous travaillons dans la nuit, essayons différentes options pour tenter de résoudre les problèmes rencontrés en piste vendredi. Nos observations sont enfin transmises aux opérations piste d'ici le samedi matin et elles sont utilisées pour les Essais Libres 3, avec l'espoir d'avoir amélioré le comportement de l'auto avant les qualifications.* » Lors de chaque week-end de Grand Prix, Alpine fait appel à l'un de ses pilotes d'essais ou de développement pour remplir cette mission essentielle.

La logique aurait voulu que la tâche échoie à Jack Doohan, le réserviste F1 officiel de l'écurie. Mais ce dernier roule en parallèle dans le championnat FIA de Formule 2, qui se produit en lever de rideau des GP. Impossible dès lors pour le jeune Australien de travailler dans le simulateur d'Enstone le vendredi soir. Lorsqu'il était 3e pilote Mercedes en 2019, Esteban Ocon avait un programme très musclé. Sur les manches européennes, il bossait jusqu'au petit matin dans la nuit du vendredi au samedi avant de prendre le premier avion pour arriver au circuit avant les Essais Libres 3 et se tenir prêt à remplacer l'un des titulaires si besoin. Comme leurs homologues de l'ops room, les ingénieurs de l'équipe en charge du simulateur, ainsi que le pilote désigné, doivent calquer leurs horaires sur ceux de la piste. Dans sa quête de performance, Alpine ne recule devant rien, y compris à distance.

Pierre Gasly échange avec son nouvel ingénieur, Karel Loos. Les deux hommes ont pu apprendre à se connaître en travaillant d'abord dans le simulateur d'Enstone.

BWT
Castrol
ALPINE
IntegraConnect
BINANCE
BWT

En tête à tête

DOMINIC HALE, INGÉNIEUR SUPPORT COURSE - MEMBRE DU GROUPE D'INGÉNIERIE DES OPÉRATIONS PISTE

Arrivé à Enstone en 2010 dans la foulée de ses études en ingénierie mécanique, Dominic Hale a débuté dans le groupe en charge de la performance du véhicule, le département analytique et théorique qui intervient en amont des courses pour aider à régler au mieux les monoplaces. Il s'est ensuite davantage rapproché de l'aspect opérationnel. Outre sa mission au sein de l'ops room, Dominic se rend sur place lors des essais privés qu'organise Alpine avec d'anciennes monoplaces. Ces roulages permettent aux jeunes pilotes de l'Academy de se former, ou bien aux nouveaux titulaires comme Pierre Gasly de se familiariser avec l'environnement Alpine.

Comment la salle des opérations d'Enstone a-t-elle évolué au fil des années ?

→ La grosse avancée est venue des progrès en matière d'infrastructures et de connectivité. En 2012, 2013, 2014, on attendait que les données viennent jusqu'à nous. Et cela pouvait prendre jusqu'à une heure. Aujourd'hui, il n'y a quasiment plus de temps de latence. Nous voyons les choses à la même vitesse que les gens dans le garage. L'ops room s'est également agrandie lorsque nous avons reçu des investissements à partir de 2016-17.

À quoi ressemble le programme de l'ops room lors d'une semaine de Grand Prix ?

→ Notre planning se calque sur celui des ingénieurs à la piste. Le seul « luxe » que nous avons, c'est la possibilité de travailler après le couvre-feu FIA au circuit. Généralement, le processus est le suivant : les ingénieurs des opérations piste nous envoient une liste de choses à faire et/ou passer en revue après leur départ de la piste. Nous effectuons nos analyses dans la nuit et nous leur soumettons nos observations le lendemain matin. Nous participons également à des réunions avant les meetings, en visio-conférence ou via le système de communications.

Faites-vous l'objet de restrictions FIA ?

→ Pour le moment, il n'y a aucune limite imposée au niveau de l'ops room car il s'agit d'un travail à l'usine. C'est l'utilité du dispositif. Un ingénieur sur place est assisté par un groupe de trois à distance. Ces derniers peuvent peaufiner les détails. Il est possible de faire travailler l'ops room en décalé car les tâches d'analyse ont principalement lieu pendant le couvre-feu FIA. Nous pouvons ainsi couvrir la plus grande plage horaire possible. Mais cela varie d'un département à l'autre.

Procurez-vous également de l'aide en temps réel ?

→ Nous sommes en contact permanent avec les ingénieurs sur place et nous les aidons également durant les séances. Exemple : si nous rencontrons un petit problème qui prendrait trop de temps à résoudre pour un ingénieur performance sur place, il peut déléguer pour qu'on s'en occupe à l'usine et se concentrer sur le travail avec le pilote.

Comment gérez-vous le décalage horaire ?

→ Nous disposons de conseils et de consignes pour travailler en horaires décalés, principalement avant le début de saison. La transition s'opère naturellement car bien souvent les meetings de préparation d'un événement hors d'Europe ont lieu sur l'horaire de la destination. Typique-

« Ici, vous pouvez être témoin de plus d'émotions. »

ment pour l'Australie, les ingénieurs arrivent sur place en début de semaine, donc on commence à travailler sur leurs horaires à ce moment-là. En gros, il faut adapter votre horloge biologique à partir du moment où vos homologues se déplacent sur le terrain. Lorsque vous vous rendez sur place, votre corps est en quelque sorte « forcé » de s'adapter au décalage horaire. Personnellement, j'ai tendance à procéder à ma manière en voyant ce qui fonctionne pour moi. Les horaires de la cantine sont également adaptés pour que l'on puisse manger au bureau. On est totalement calqués sur les horaires de la piste et je trouve que c'est la méthode la plus simple.

« On est totalement calqués sur les horaires de la piste et je trouve que c'est la méthode la plus simple. »

Avez-vous l'occasion de vous rendre sur le terrain pour observer l'ops room depuis la piste ?

→ Oui, j'ai fait des périodes en tant qu'ingénieur performance et je suis sur le terrain pour les tests avec les anciennes monoplaces. Je m'appuie alors sur mon homologue de l'ops room. C'est intéressant d'avoir cette double vision pour voir comment améliorer les deux aspects du travail.

Comment vivez-vous la compétition à distance ?

→ J'ai parfois l'impression que l'atmosphère est plus animée ici car il y a davantage de monde réuni dans un même espace. En piste, vous avez des gars sur le muret des stands, d'autres dans les bureaux d'ingénierie, d'autres encore dans le garage. Ici, vous pouvez être témoin de plus d'émotions. Concernant la course en elle-même, il se peut que je sois davantage connecté que ceux à la piste car j'ai plus d'écrans, j'ai la retransmission sur Sky Sports F1. Il est parfois possible de récupérer des informations sur ces chaînes, que je peux ensuite transférer à l'équipe sur place.

Y compris durant les séances ?

→ Oui, car vous pouvez récupérer pas mal d'infos sur la concurrence, les communications radio, mais aussi les interviews que donnent untel ou untel aux journalistes. On peut s'en servir. Exemple : un reporter TV peut être dans la pit lane et rapporter que telle ou telle voiture est en train d'abandonner. C'est le genre d'info supplémentaire que l'on peut fournir aux opérations piste.

Quelle est la partie la plus satisfaisante de votre métier ? Et la plus délicate ?

→ Évidemment, c'est plus agréable quand les résultats sont au rendez-vous et plus compliqué lorsque c'est difficile en piste. Mais l'ingénierie reste un puzzle dont vous avez toutes les pièces. Il faut juste trouver la façon dont elles s'agencent entre elles. La réponse est présente quelque part. C'est sans doute l'une des parties les plus intéressantes du job. Nous avons la chance d'avoir des monoplaces où la collecte de données est exhaustive. Quasiment tout est enregistré et sauvegardé quelque part. Après, ce n'est pas toujours simple d'interpréter correctement les phénomènes qui se produisent. C'est l'un des défis du métier, mais aussi ce qui fait son charme.

En tête à tête

RAÚL ÚBEDA SALA
INGÉNIEUR SUPPORT COURSE

« Il faut savoir développer la compétence qui consiste à être sur le qui-vive en permanence. »

Ayant grandi au rythme des exploits de Fernando Alonso avec Renault au cœur des années 2000, l'Espagnol n'avait qu'un seul but en tête au moment de débuter ses études : travailler en Formule 1. Mission accomplie il y a huit ans et demi quand il vint renforcer les équipes d'Enstone. Ce passionné d'aviation nous fait découvrir son univers.

Aviez-vous toujours rêvé de travailler en Formule 1 ?

→ Oui. Quand j'étais jeune, j'adorais les avions et j'aimais l'ingénierie. Je voulais initialement travailler dans l'aéronautique. Mais mon père a un garage et quand votre père a un garage, il vous oblige à bosser avec lui l'été (rires). J'ai commencé à découvrir l'univers de l'automobile et j'ai vraiment adoré. Cela coïncidait avec la période où Fernando Alonso s'est mis à remporter des courses et des titres. La F1 était de plus en plus diffusée en Espagne. Je me suis dit : j'aime l'ingénierie et les voitures. Que faire ? Le sport auto est sans doute le domaine le plus relevé en matière d'ingénierie dans l'automobile, et la Formule 1 son pinacle. Je me suis renseigné pour voir ce qu'il fallait faire pour arriver en F1. À partir de là, tout mon parcours était tendu vers cet objectif.

Comment décririez-vous l'ambiance dans l'ops room ?

→ Évidemment, nous n'avons pas la voiture qui entre et sort, pas d'invités, etc. On met notre casque audio et l'on se concentre sur les données. On doit échanger entre nous mais on le fait uniquement via les canaux de communication dédiés. On a un système très similaire à celui des opérations piste. On a beaucoup de canaux d'échanges différents, les consoles sont personnalisées en fonction des besoins de chaque ingénieur. La moindre conversation a lieu via l'intercom. Vu qu'on parle tous dans un système, l'ambiance est calme. On n'a pas de bruit. Cela aide pour la concentration et la gestion du stress. En piste, c'est différent. Il y a davantage de sources de stimulation, davantage de bruit autour, de sons à filtrer.

Comment faites-vous justement pour faire le tri entre toutes les voix qui passent dans votre casque audio ?

→ Il faut savoir développer la compétence qui consiste à être sur le qui-vive en permanence. Quand les voitures sont en piste, c'est naturellement plus intense. Il ne s'agit pas seulement de regarder et d'analyser des données. Il faut être concentré à 100 % sur ce que disent les gens. À un moment donné, il faut faire des choix et décider de ce que vous voulez écouter. Certains canaux peuvent être mis en sourdine. Il faut développer la faculté de pouvoir écouter deux canaux en même temps. Vous avez une idée de ce qu'il se passe sur telle chaîne, tout en étant concentré sur autre chose. Cela arrive très souvent. Exemple : j'écoute ce que dit un pilote et le deuxième se met à parler également, mais il évoque un sujet qui ne me sera pas utile donc je coupe ce canal et je me concentre sur le premier coureur, qui parle

Raúl a rejoint Enstone il y a huit ans et demi.

de réglages, ce qui m'intéresse davantage. On acquiert cette compétence qui permet d'engranger, d'identifier et de filtrer les informations rapidement. Il faut bien garder à l'esprit également que l'on ne peut pas surcharger les ondes, surtout en étant dans l'ops room. Exemple : je ne vais pas contacter un ingénieur ou un mécanicien quand l'un des pilotes est en train de parler. Je sais que je ne vais manquer rien d'essentiel ailleurs quand un coureur parle. Généralement, je me concentre sur une voiture, et Dom (Hale. Ndlr) sur l'autre.

Parvenez-vous à apprécier la course comme un simple fan ?

→ Je dois être honnête avec vous : je suis tellement absorbé par la voiture sur laquelle j'interviens que je ne sais pas exactement ce qu'il se passe ailleurs. D'autres personnes dans l'équipe vous diront la même chose, peut-être pas les stratèges, j'en conviens. Les ingénieurs sont plus concentrés sur la perfo de la voiture. Vous savez globalement ce qu'il se passe dans la zone où vous évoluez : la voiture devant, la voiture derrière, les concurrents possibles lors de vos arrêts aux stands. Il m'est arrivé de finir une course et de me demander pourquoi tel ou tel pilote était dans cette position, voire de me dire : « Tiens, untel a gagné ».

Et lorsque vous jouez la victoire ou le podium ?

→ Cela dépend du scénario de la course. Dans le cas de la victoire d'Esteban (Ocon au Grand Prix de Hongrie 2021. Ndlr), on pouvait voir qu'il avait la situation sous contrôle. Sauf imprévu, on ne voyait pas comment il aurait pu ne pas gagner. On savait exactement quel était le rythme des autres pilotes. Pour le podium de Fernando au Qatar (Alonso en 2021 toujours. Ndlr), c'était beaucoup plus stressant car on ne savait pas si les pneus allaient tenir. Dans ces situations, vous priez pour que rien n'arrive dans les derniers instants. Esteban en fit l'amère expérience à Djeddah (GP d'Arabie saoudite) la même année. Il était devant Bottas mais il s'est retrouvé avec un énorme trou dans le fond plat à quelques tours du but. Il a perdu la 3e marche du podium sur la ligne d'arrivée. À ce moment-là, c'était à la fois stimulant et frustrant.

Comment se passent les échanges avec vos collègues du simulateur ?

→ Notre simulateur est en service en parallèle pour gérer les demandes qui viennent de la piste. Il sert à établir la corrélation avec le circuit. On fait en sorte que ce soit le plus fidèle possible à la réalité. Après les Essais Libres 2, les ingénieurs de course et les autres techniciens étudient différentes solutions de réglage rapportent le ressenti des pilotes, etc. Nous prenons ces informations et les intégrons au programme du simulateur. Dans la soirée ou la nuit, l'équipe en charge du simulateur nous fait un retour de son côté, que l'on transmet ensuite à la piste.

Quel impact a eu l'arrivée du Sprint sur votre métier ?

→ On peut moins intervenir car lorsqu'on arrive en qualifications (dès le vendredi après-midi. Ndlr), on ne peut plus toucher à la voiture, à de rares exceptions près (en raison de la règle du Parc Fermé. Ndlr). Quand il n'y a rien de précis à faire, on part « à la pêche ». Concrètement, on se penche sur les données pour voir si l'on repère quelque chose qui pourrait être corrigé ou amélioré. Les week-ends Sprint sont moins stressants en matière de choses à faire, mais vous avez désormais deux séances qualificatives et deux courses. Or nous sommes en soutien durant les séances où la voiture est en piste. Il faut s'assurer que tout fonctionne correctement, les canaux d'informations, les capteurs ; il faut noter le retour technique des pilotes. Lors des week-ends Sprint, il y a moins de travail après les séances, mais plus de boulot durant les sessions.

« On fait en sorte que ce soit le plus fidèle possible à la réalité. »

Que se passerait-il en cas de panne de courant dans l'ops room lors d'un week-end de course ?

→ Le système est très robuste. Sur l'année écoulée, on a dû avoir un ou deux ralentissements en matière de connexion. Cela a duré quelques secondes à peine. Les données de la piste vont à Enstone et Viry, et il y a une autre connexion entre les deux départements également. Cela améliore la fiabilité du système. Maintenant, s'il y a une coupure de la liaison mais que vous avez toujours internet, vous pouvez prévenir que vous avez perdu la connexion. Au moins les gars au circuit seront au courant et sauront que nous ne pouvons pas les aider à l'instant t. Notre département informatique est très proactif et efficace. Il teste absolument tout – le matériel, les logiciels, le service de communications – avant chaque GP. Le jeudi, nous faisons la même chose avec l'équipe d'ingénieurs sur place. Nous vérifions que la liaison fonctionne entre le garage et l'ops room. Les gens sur le terrain font leurs tests également – télémétrie, etc. –, et on les voit également. Après jeudi midi, on ne fait plus aucune mise à jour des logiciels, juste au cas où quelque chose arrive.

Avez-vous déjà vécu des moments stressants dans votre rôle ?

→ Une fois, j'étais en charge d'un progiciel pour les gens qui s'occupaient des réglages à la piste. Une mise à jour a eu lieu et pour je ne sais quelle raison il y a eu un souci. Nous avons dû rester jusque tard dans la nuit avant les essais libres du vendredi pour trouver une solution. De toute façon je ne serais pas rentré chez moi sans avoir trouvé de solution (rires).

Esteban Ocon s'installe sur la grille du GP de Miami en fin d'après-midi. Au Royaume-Uni, la nuit est déjà tombée mais les ingénieurs d'Enstone s'apprêtent à participer à l'événement en simultané.

BWT
fantom
#GAS10
BELL
lif3.com
Castrol
BWT
BWT
.COM
Castrol

En tête à tête

VICTOR MARTINS, MEMBRE DE L'ALPINE ACADEMY

« Je suis là pour rouler le plus proprement et régulièrement possible . »

En plus de briller dans le championnat FIA de Formule 2, le Francilien de 22 ans évolue parfois dans le simulateur F1 d'Enstone. Objectifs : se familiariser avec les procédures d'une monoplace, mais également prêter main forte à l'écurie durant un week-end de compétition. Victor nous raconte l'expérience qu'il a vécue lors du Grand Prix de Miami 2023 où il était mobilisé pour aider Alpine à distance.

En quoi consiste le rôle d'un pilote dans le simulateur ?

→ Lorsque mon calendrier s'y prête, l'équipe fait appel à moi et c'est toujours avec grand plaisir que je me rends à l'usine, que ce soit pour ma formation ou pour aider l'équipe comme lors du Grand Prix de Miami. Cela n'arrive pas si souvent car la F2 se produit en lever de rideau des GP F1. Pour moi, le simulateur d'Enstone remplit deux objectifs : soit me préparer en vue d'un événement à venir, typiquement mon premier roulage F1 à Monza début mai ; soit faire partie de l'équipe de soutien qui aide l'écurie à distance lors des week-ends de Grand Prix. Dans le premier cas, je passe en revue la feuille de route qui m'attend, je prends mes marques avec les procédures, le volant, les différents boutons. C'est un apprentissage pour gagner du temps une fois sur place.

Et lorsque vous aidez l'écurie à distance et en direct ?

→ On effectue toute une batterie de tests en fonction des demandes des ingénieurs sur place. On essaie différents réglages, je donne mon ressenti, j'explique si le feeling est meilleur ou au contraire moins bon. Je suis là pour rouler le plus proprement et régulièrement possible et donner un retour précis et intelligible à l'équipe.

Ben Morgan, qui chapeaute le simulateur à Enstone, nous explique qu'il note une différence d'approche entre les anciens pilotes et la jeune génération dont vous faites partie. Est-ce comme une seconde nature pour vous ?

→ Je peux passer 10 heures dans le simulateur il n'y aura aucun souci, je vais prendre autant de plaisir du début à la fin. Personnellement, j'ai un petit simu à la maison. Quand j'étais plus jeune, j'ai beaucoup joué aux jeux vidéo, aux jeux de voiture notamment. J'ai baigné dans cet univers dès mon enfance. J'ai forcément l'habitude.

À quel point le simulateur est-il utile dans la formation d'un pilote ?

→ Le simulateur est un outil qui aide beaucoup pour la préparation d'un week-end. Cela permet de découvrir la piste, de voir comment est configuré tel ou tel virage, de repérer la meilleure approche en fonction de la voiture pilotée. Cela me permet d'approfondir mes ressentis, mes retours avec les ingénieurs. Je ne suis pas convaincu à 100% que ça permette de se développer sur le strict plan du pilotage car on n'a pas encore toutes les sensations comme dans la réalité. Par contre, pour préparer un week-end, c'est primordial, c'est sûr. Aujourd'hui, je ne peux pas me rendre sur une compétition sans être allé dans le simulateur. En tout cas je sens le bénéfice depuis la F3/F2, d'autant qu'on a peu de temps de roulage. Par contre, je ne prépare pas mes week-ends F2 dans le simulateur F1 d'Enstone, j'utilise celui d'AOTech dans l'Essonne avec mon écurie ART Grand Prix. On couvre pas mal de choses qui nous prendrait beaucoup de temps dans la réalité. On passe en revue les procédures type Voiture de Sécurité, Vitual Safety Car, arrêts aux stands – une nouveauté pour moi en F2 cette année – la montée en température des pneus, etc. On essaie de faire en sorte que le rendu du simulateur soit le plus fidèle possible à la réalité, jusqu'au positionnement des panneaux ou des arbres en bord de circuit. Ce sont des repères visuels que l'on pourra ensuite utiliser directement une fois en piste.

Victor a pu découvrir les joies du pilotage d'une Formule 1 avec Alpine en 2023.

Est-ce que vous avez besoin d'un entraînement spécifique avant de grimper dans le simulateur ?

→ Ce n'est pas une expérience très physique mais j'échauffe les articulations, ce genre de choses. En revanche, le simulateur requiert beaucoup d'énergie mentale et nerveuse. Après une journée devant l'écran, on sort souvent exténué.

On imagine que ce doit être également usant pour les yeux ?

→ Dans le simulateur d'Alpine, on porte un casque pour être encore plus dans l'immersion et recréer la vision que l'on a en piste. Je porte également des lunettes qui filtrent la lumière bleue. Je n'avais pas tendance à le faire il y a quelques années mais c'est vrai que ça fatigue les yeux à la longue.

Revenons sur votre rôle lors du Grand Prix de Miami : racontez-nous cette expérience.

→ C'était un peu sport niveau timing car le Grand Prix avait lieu juste avant mon premier roulage F1 à Monza début mai. Je suis arrivé à l'usine le mercredi ou jeudi avant la course pour faire mouler mon baquet et prendre mes marques avec l'Alpine A521 de 2021 dans le simulateur. Je suis revenu le vendredi pour faire partie de l'équipe de soutien. En raison du décalage horaire avec Miami, j'ai travaillé de 19h00 à 06h30 dans la nuit du vendredi au samedi. Ce n'était pas simple, mais j'étais enthousiaste, impatient et reconnaissant d'avoir cette opportunité-là parce que c'était la première fois. J'ai trouvé ça génial et apprécié à fond car ce n'est pas tous les jours qu'on peut aider et être impliqué dans ce travail-là. J'ai assisté à des briefings mais je ne participais pas activement. J'écoutais et l'équipe savait que j'étais présent. J'étais en relation avec les ingénieurs qui voulaient connaître mes retours et mes ressentis. On apprend beaucoup de choses, sur le feedback à donner aux ingé, la manière de le faire : c'est très instructif. Le samedi, j'ai dû filer à Monza pour mon roulage, qui avait lieu le mardi suivant. Sans quoi, je serais resté à l'usine pour vivre le GP depuis la salle des opérations.

« Dans le simulateur d'Alpine, on porte un casque pour être encore plus dans l'immersion et recréer la vision que l'on a en piste. »

Comment était l'ambiance à Enstone au beau milieu de la nuit ?

→ J'ai passé beaucoup de temps dans la salle de simu et honnêtement j'avais l'impression qu'il était 15h00. Quand je suis retourné dans l'usine à proprement parler, j'ai remarqué qu'il y avait moins de monde forcément, mais j'ai été vraiment surpris de voir qu'il restait tout de même beaucoup de gens qui travaillaient, et pas seulement dans la salle des ingénieurs, dans les bureaux également.

Avez-vous des anecdotes vécues dans un simulateur à nous raconter ?

→ Cela ne m'est jamais arrivé chez Alpine mais quand il y a un problème technique et que le simu s'arrête d'un coup alors qu'on est en train de conduire, ça fait très bizarre. On n'allie plus la vision et ce qu'on ressent avec le mouvement. Notre corps et notre cerveau n'arrivent plus à établir la connexion et on peut avoir le vertige et la nausée pendant quelques secondes.

Champion de Formule 3 en 2022, Martins a été logiquement promu en Formule 2 où il n'a pas tardé à briller.

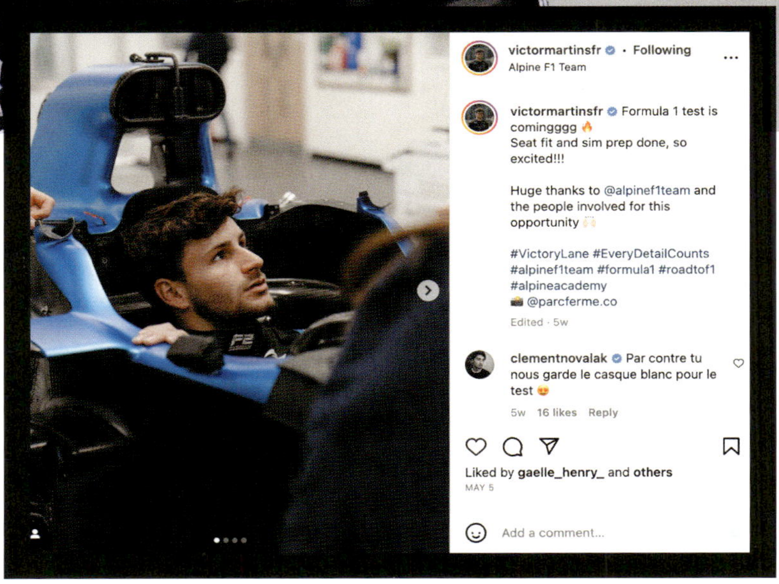

Test F1 à venir !
Baquet moulé et préparation au simulateur effectuée, j'ai maintenant hâte d'y être !
Un immense merci à @alpinef1team et tous les gens impliqués pour cette opportunité
#VictoryLane #EveryDetailCounts #alpinef1team #formula1 #roadtof1 #alpineacademy
📷 @parcferme.co

Castrol
RENAULT
E-TECH
Castrol
BWT
yahoo!
BINANCE

PIERRE GASLY

UNE RECRUE DE CHOIX

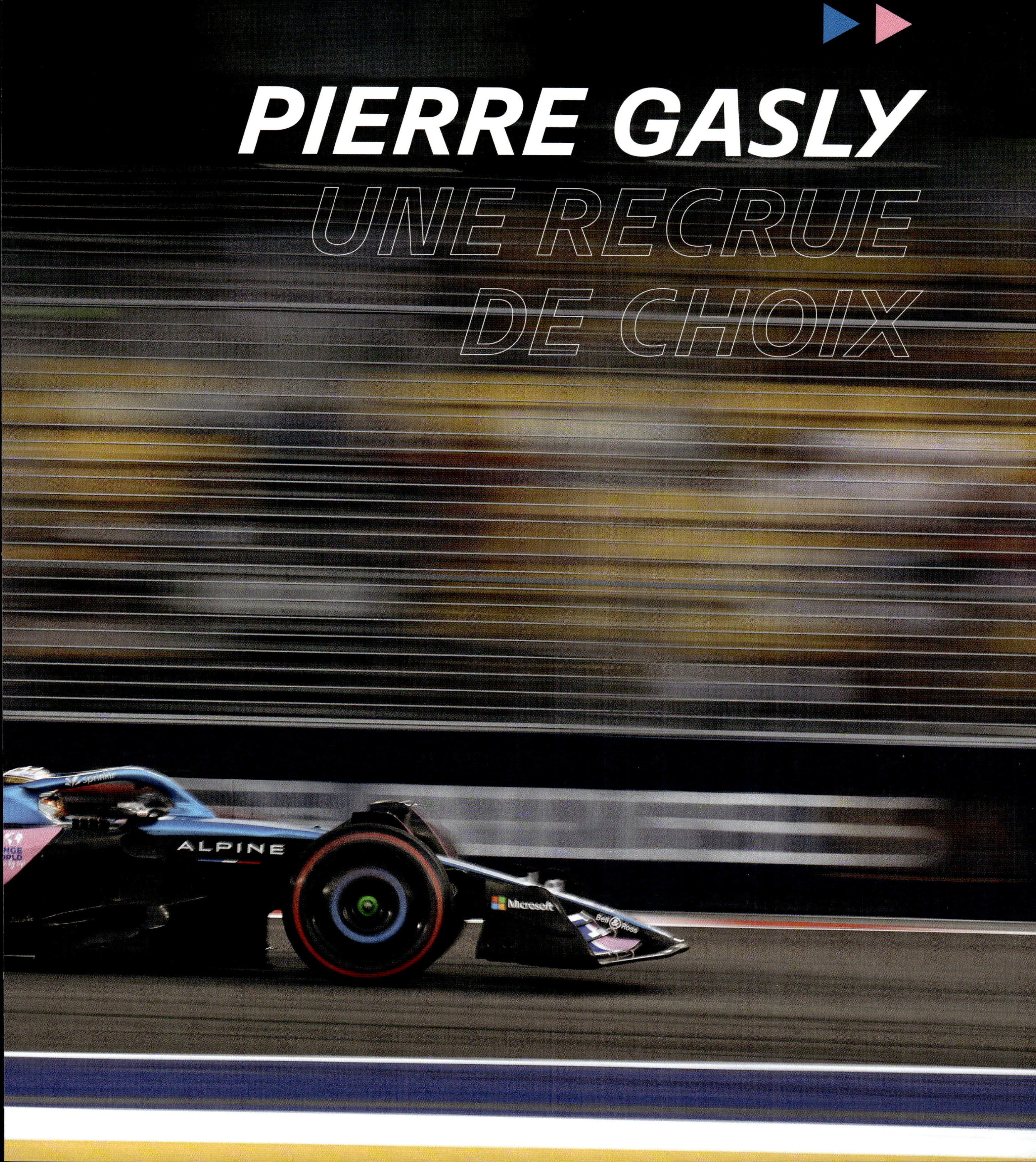

→ 07 PIERRE GASLY
UNE RECRUE DE CHOIX

LA SAISON DE L'ÉMANCIPATION

Cinq ans après ses débuts en F1, le Rouennais a choisi de relever un nouveau défi au sein d'une écurie constructeur. Coup de projecteur sur le parcours et les ambitions de celui qui a mis fin à 24 ans de disette pour les pilotes français dans la catégorie reine.

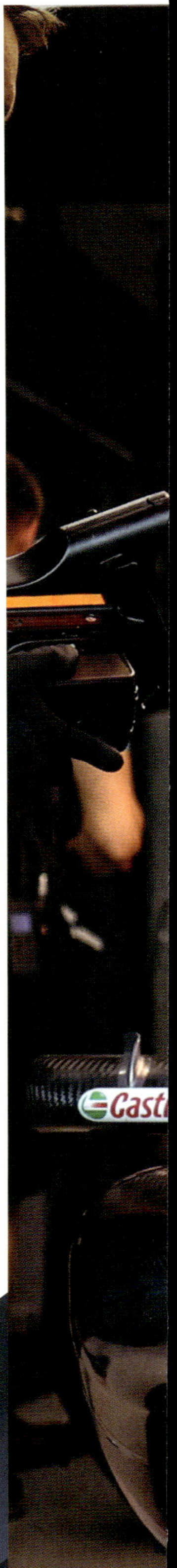

Le Français s'est rapidement intégré à son nouvel environnement.

Le calme avant la tempête : Gasly dans sa bulle avant le départ du GP de Singapour.

DANS L'HISTOIRE

Quand Olivier Panis remporta le Grand Prix de Monaco 1996, son futur successeur français dans les annales de la Formule 1 n'avait que trois mois. Vingt-quatre ans plus tard, en ce dimanche 6 septembre 2020, le soleil brille sur la Lombardie et réchauffe un Autodromo Nazionale di Monza malheureusement bien vide, Covid oblige. Dans cette année pas comme les autres, les événements s'enchaînent et Pierre Gasly s'empare des commandes du Grand Prix d'Italie lors d'un *restart* parfaitement maîtrisé. Vingt-huit tours le séparent alors d'un succès historique. La France du sport automobile n'ose y croire. Elle a vécu tant de déceptions et trop de drames, elle a appris à ne plus céder à l'optimisme démesuré. Et pourtant, les boucles s'enchaînent, le drapeau à damier, imperceptiblement, se rapproche. Tout comme Carlos Sainz dans les rétroviseurs du pilote normand. Pas de quoi ébranler Gasly, qui vient de passer par toutes les émotions au cours d'une paire d'années aussi éprouvantes qu'euphorisantes par moments. Le Rouennais a un rendez-vous avec l'histoire. Et il n'a pas l'intention de le manquer. Au terme d'une fin de course en apnée, Gasly décroche une victoire d'anthologie et fait chavirer le cœur de millions de fans. Il ne le sait pas encore, mais il ne s'appartient plus totalement. Il est à la France entière. Le président Emmanuel Macron lui laisse un message vocal sur son portable, où s'enchaînent les marques d'affection. « *C'est dingue* », souffle-t-il, lessivé dans le maelström des obligations médiatiques post-course. « *Cette victoire va changer ma vie*, confie-t-il encore aux rares représentants de la presse écrite française autorisés sur place. *Depuis tout petit, j'ai toujours pensé qu'il y avait un lien entre la victoire d'Olivier à Monaco en 1996 et mon année de naissance. Une sorte de destin car je crois pas mal à ce genre de choses. J'y ai pensé quand j'ai entendu* la Marseillaise. *Celle-là, depuis le temps qu'on l'attendait… Il faut la savourer.* » Sur le podium, Gasly est resté assis un long moment après les hymnes, la remise des trophées et la traditionnelle douche au champagne. Incrédule et heureux. « *Je me suis souvenu qu'au Brésil, l'année passée, tout était allé si vite : le podium, les célébrations avec l'équipe*, explique-t-il. *Après coup, tu te rends compte que tu viens de vivre un truc incroyable. Tu veux toujours que ça dure plus longtemps.* » Alors Pierre a pris le temps de savourer.

ADVERSITÉ

Que de chemin parcouru depuis les premiers tours de piste avec Esteban Ocon sur la piste d'Anneville-Ambourville. À la base, Pierre voulait devenir footballeur, mais la découverte du sport automobile, en compagnie de son futur équipier chez Alpine, l'a fait changer de trajectoire. Chez les Gasly, la course est un univers familier. Ses grands-parents paternels faisaient du karting, tandis que son père Jean-Jacques a concouru dans diverses disciplines : endurance, rallye, etc. « *Pierre a toujours connu cette ambiance de compétition à la maison,* confiait sa mère Pascale Gasly à RMC début 2023. *Il a toujours senti les odeurs d'échappements. Moi je voulais absolument qu'il soit bon élève. Le deal, c'était qu'il travaille bien à l'école s'il voulait faire du karting.* » Élève studieux, Gasly part vivre au Mans où il intègre la FFSA Academy en sport-études. Pierre a 13 ans et il partage sa chambre avec un autre garçon né la même année que lui : Anthoine Hubert. En 2011, Gasly débute en monoplace et finit 3e du championnat de France F4. Il grimpe ensuite en Formule Renault 2.0 et remporte la plus prestigieuse série de la catégorie, l'Eurocup, en 2013. Dans la foulée, Red Bull lui propose de rejoindre sa filière jeunes pilotes. Le début d'une aventure qui durera près de 10 ans. La saison suivante, il termine vice-champion de Formule Renault 3.5 pour sa première campagne dans la catégorie. Promu en GP2 Series fin 2014, le Normand enchaîne les poles et les podiums, mais la victoire se refuse alors à lui. Le déclic intervient dans des circonstances douloureuses. Lors du meeting de Silverstone en 2016, Pierre subit un grave accident de la route alors qu'il se rend en famille au circuit. Victime de plusieurs fractures, sa mère doit être transportée à l'hôpital en urgence. Malgré le choc, son père lui dit d'aller participer aux tests. Gêné au niveau du dos, Gasly reçoit tout de même le feu vert du corps médical pour prendre le volant. Auteur du meilleur temps des essais libres, il se qualifie 2e et décroche son premier succès en trois ans. La machine est lancée. Pierre découvrira après coup qu'il souffrait d'une vertèbre cassée ce week-end-là. Sacré champion GP2 Series en 2016, Gasly pense avoir fait le nécessaire pour obtenir sa chance en F1. Au lieu de cela, Red Bull l'envoie se faire le cuir au Japon dans un championnat de spécialistes ultra-relevé : la Super Formula. Le dépaysement est total et les débuts sont compliqués, la barrière de la langue se révélant initialement problématique. Petit à petit, Pierre s'endurcit et les résultats commencent à s'améliorer. Après la mi-saison, il enchaîne les victoires et les podiums et se retrouve à un demi-point du leader à une manche du terme. Hélas pour Gasly, cette ultime épreuve n'aura pas lieu en raison du passage d'un typhon dans la région de Suzuka le week-end de la finale. Le Rouennais balaie vite sa déception, car entre-temps, il a enfin eu l'occasion d'effectuer ses débuts en Formule 1, au Grand Prix de Malaisie 2017. Quatre autres courses suivront en cette fin d'année, avant que Gasly ne soit titularisé pour la campagne suivante. En 2018, il ne tarde pas à se mettre en évidence. Dès la 2e manche, disputée à Bahreïn, il hisse sa modeste Toro Rosso à la 4e place. « *Quand j'ai franchi la ligne, je me suis dit* 'Oh mon Dieu, on vient de finir quatrième', *c'était un sentiment incroyable,* rembobine-t-il ensuite. *On s'investit tellement sur le plan mental quand on pilote une voiture de Formule 1. Vous avez tant de paramètres à gérer, les pneus, la consommation, la batterie, les écarts avec vos concurrents, etc. Puis vous relâchez toute cette tension d'un coup et les émotions surgissent, et je suis quelqu'un d'assez sensible dans ce genre de situation.* » D'autres arrivées dans le Top 10 lui permettront d'inscrire 29 des 33 points gagnés par son écurie cette année-là. De quoi lui ouvrir les portes de l'écurie-mère Red Bull où une place s'est libérée avec le départ de Daniel Ricciardo.

MONTAGNES RUSSES

Promu dans une écurie de pointe, Gasly se retrouve vite en porte-à-faux et dans l'incapacité d'exprimer l'étendue de son talent. À la trêve estivale, il est rétrogradé chez Toro Rosso. Mais le pire est à venir. Lors de la reprise à Spa-Francorchamps (Belgique), son ami Anthoine Hubert périt dans un effroyable accident en Formule 2. « *Quand vous avez 22-23 ans, vous n'êtes pas prêt à vivre ce genre d'événement, à perdre l'un de vos meilleurs amis* », témoignera Pierre, sous le choc. Deux mois et demi plus

Les arrêts aux stands en F1 requièrent une précision millimétrée. Et une coordination parfaite entre le pilote et l'équipe.

tard, Gasly signe son premier podium F1 en terminant 2e d'un Grand Prix du Brésil totalement fou, conclu par un sprint effréné avec Lewis Hamilton, qu'il devance d'un aileron sur la ligne. « *C'est tout simplement le plus beau jour de ma vie,* exulte celui qui n'avait pas encore gagné de GP à l'époque. *Quand on est enfant, on rêve d'être en Formule 1, et après de son premier podium.* » Après l'argent d'Interlagos et l'or de Monza, Gasly complète sa collection de médailles en y ajoutant le bronze de Bakou lors du Grand Prix d'Azerbaïdjan 2021. Là encore, le Normand doit se surpasser pour déjouer les assauts de son ami Charles Leclerc en toute fin de course. La campagne 2022 se révèle plus délicate pour son écurie AlphaTauri, et quand Alpine se met en quête d'un pilote pour remplacer Fernando Alonso à compter de la saison 2023, le profil de Pierre coche toutes les cases : rapide, talentueux, jeune mais expérimenté, ambitieux et désireux de relever un nouveau défi d'envergure. Son recrutement est officialisé juste avant le Grand Prix du Japon. « *Je suis ravi de rejoindre la famille Alpine et d'entamer ce nouveau chapitre dans ma carrière,* se réjouit alors le Rouennais. *Piloter pour une écurie qui a des racines françaises est quelque chose de très particulier. Je connais les points forts d'Alpine pour avoir couru contre eux ces deux dernières années et, clairement, leurs progrès et leur ambition sont très impressionnants.* »
« *Nous sommes fiers de présenter un duo de pilotes entièrement français pour 2023,* ajoute Luca de Meo, CEO de Renault Group. *Nos racines sont en France et Alpine est née en Normandie, c'est donc un heureux hasard.* » Bénéficiant d'un bon de sortie anticipé, Gasly effectue ses premiers pas avec le A fléché durant les essais post-saison d'Abu Dhabi fin novembre 2022. Le fan de ballon rond qu'il est profitera de sa présence dans la région pour aller ensuite encourager d'autres Bleus lors de la Coupe du monde de football organisée au Qatar.

RETOUR SUR LE PODIUM AVEC ALPINE

Pour Gasly, le changement d'univers est de taille. Il faut se familiariser avec un nouvel ingénieur – Karel Loos – et une équipe technique différente. Sans oublier la découverte et la prise en mains d'une monoplace et d'un groupe propulseur dont la philosophie varie de ce qu'il a pu connaître par ailleurs. Ce processus d'adaptation requiert du temps et, avec seulement trois petites journées d'essais hivernaux programmés à Bahreïn, la tâche se révèle encore plus ardue. Pierre débute pourtant sa carrière Alpine dans les points à Sakhir, au terme d'une belle remontée de la 20e à la 9e place. D'autres arrivées dans le Top 10 suivront au cours de la première moitié de saison, notamment une solide 7e place dans les rues de Monaco. Juste avant la trêve estivale, Gasly décroche un résultat à forte valeur symbolique sur le tracé de Spa-Francorchamps. Alors que l'écurie traverse un week-end animé en coulisses, Pierre se hisse au 3e rang du Sprint disputé le samedi. « *C'est un sentiment incroyable*, jubile le Normand. *Je suis très heureux de terminer dans les trois premiers, surtout ici à Spa, qui est un peu notre course à domicile sans le Grand Prix de France. Les conditions étaient très difficiles, mais je suis extrêmement heureux. Nous avons ravitaillé au bon moment et réussi à tenir tête à Lewis (Hamilton) jusqu'à la fin. Évidemment, j'ai une pensée pour Anthoine (Hubert). Je suis très heureux pour toute l'équipe car le début de l'année n'a pas été des plus faciles et nous avons réussi à tout mettre bout à bout.* » Avant les premières séances de roulage, Pierre avait d'ailleurs convié tous les membres des paddocks F1, F2 et F3 pour un footing en guise d'hommage à son ami trop tôt disparu. À Zandvoort, pour la reprise des débats après la pause estivale, Gasly et Alpine vont tenter un pari stratégique particulièrement audacieux. Alors que le GP des Pays-Bas s'est élancé sous un ciel menaçant mais sur le sec, une violente

Gasly a dû dompter des conditions dantesques pour aller décrocher un podium vaillant à Zandvoort.

Pierre célèbre sa 3e place au GP des Pays-Bas en compagnie de toute l'équipe.

averse vient immédiatement doucher le tracé néerlandais. Les Bleus ne tergiversent pas et font rentrer Pierre et Esteban pour changer de pneus. « *On savait en partant en dehors des points que la pluie pourrait nous aider et qu'il faudrait s'en servir*, racontera Gasly après la course. *Je l'ai vu arriver, et j'ai direct demandé à l'équipe de passer aux intermédiaires, de façon à anticiper son redoublement d'intensité et avoir le temps de chauffer les gommes. Cela a bien marché et on s'est tout de suite retrouvés dans une super position, à la 3e place. Ensuite, il restait 71 tours à boucler...* » Les variations climatiques incessantes auraient pu faire retomber le Rouennais au classement. Il les négocie avec brio, évoluant toujours dans le bon tempo et avec les gommes adéquates. Gasly se paie même le luxe d'un dépassement audacieux, à l'extérieur, sur la Ferrari de Carlos Sainz, afin de sceller sa place sur le podium. « *Je suis aspergé de champagne, mais ce n'est pas grave ! Je suis trop content, quelle course !* lâche Pierre tout sourire en zone mixte après la cérémonie protocolaire. *Après la trêve estivale et un début d'année qui n'a pas été des plus simples, on essaie simplement de progresser course après course. On imagine toujours le meilleur avant une course, mais sur ce coup-là, certainement pas que l'on serait en mesure de se battre pour le podium en partant de la 12e place. En F1, tout peut arriver, il y a beaucoup de rebondissements lorsqu'on a affaire à des conditions changeantes, et ç'a été le cas aujourd'hui. C'est très satisfaisant d'être récompensé pour le travail que l'on a fait cette année avec l'équipe. C'est mon premier podium en deux ans (...) Cette saison, nous avions été proches à Monaco, où nous avions été à un moment 3e avant de décider de faire un arrêt supplémentaire. C'est le genre de saison dans laquelle il faut essayer tout le temps, sans relâche. Ça s'est aligné aujourd'hui, dans la course la plus difficile de la saison. Ç'aurait pu mal tourner 1000 fois, mais on a tout maximisé. Je suis aux anges.* »

Avec cette 3e place de Gasly dans les dunes qui bordent la mer du Nord, Alpine devient la 3e écurie à placer ses deux pilotes sur un podium en 2023. Avant Ferrari, Aston Martin ou encore McLaren. Preuve, si besoin était, que les Bleus peuvent s'appuyer sur un duo aussi talentueux qu'homogène et doté d'une belle science de la course. Prometteur pour la suite !

ALPINE
10
BWT
MOBILIZE
Microsoft
Castrol

Microsoft

En tête à tête

PIERRE GASLY

« Aller chercher une victoire avec Alpine serait vraiment spécial. »

Arrivé l'hiver dernier dans l'écurie du A fléché, le Rouennais évoque sa nouvelle vie en Bleu, son adaptation à Enstone et Viry-Châtillon, et son entente avec Esteban. Sans oublier d'afficher des ambitions élevées pour l'avenir.

Quel bilan global tirez-vous de votre première année chez Alpine ?

→ Ce fut une saison d'adaptation, de compréhension, de développement. Il y a beaucoup de choses à apprendre et assimiler. S'adapter à un nouvel environnement et construire de nouveaux automatismes requiert du temps et de l'énergie. De son côté, l'équipe m'a accueilli de la meilleure des manières. Je me suis senti à l'aise très rapidement. Après, il y a plein d'ajustements à faire, dans la façon de travailler, de communiquer, de se comprendre. C'est un processus qui se met en place au fil des week-ends de compétition. Il y a clairement du progrès dans ce domaine-là et nous avançons dans la bonne direction.

Quid de la performance ?

→ Je pense que nous sommes tous déçus car on attendait davantage de la voiture cette saison, après avoir fini 4e du championnat constructeurs en 2022. Aston Martin a effectué un bond en avant l'hiver dernier, McLaren a énormément progressé durant la saison. Il y a tout de même du positif à retirer. On a décroché un podium à Monaco, un autre à Zandvoort, on a fait de belles courses en Australie et Singapour, même si elles n'ont pas été totalement récompensées. On a également signé un Top 3 lors du Sprint de Spa. Mais il nous a manqué de la constance.

On imagine que les pilotes ont un vrai rôle à jouer dans ces moments d'adversité.

→ Cela fait très clairement partie de notre mission. Nous devons nous comporter en leaders et insuffler une énergie positive, un état d'esprit conquérant et une mentalité de vainqueurs. C'est précisément dans les moments difficiles qu'il faut rester forts et soudés. Il faut maximiser le potentiel. Ça ne marche pas à tous les coups, mais on a pu voir que lorsque ça fonctionne, il y a moyen de faire de très belles choses. Nous devons prendre les exemples d'Aston et de McLaren comme une motivation supplémentaire pour redoubler d'efforts, se relever et aller de l'avant. J'ai également organisé quelques barbecues et dîners avec les gens de l'équipe pour renforcer la cohésion et faire en sorte que tout le monde se sente partie intégrante du projet.

Comment s'est passée votre acclimatation sous vos nouvelles couleurs ?

→ Même avec la meilleure volonté du monde, il ne faut pas sous-estimer le temps que cela peut prendre de créer les automatismes, de trouver la même efficacité de travail qu'après plusieurs années dans la même structure.

Moi-même, à titre personnel, je m'attendais à ce que les choses aillent plus vite, mais on ne peut pas prendre de raccourci. Il faut apprendre à mieux se connaître, à parler le même langage.

Est-ce qu'au volant, il a également fallu modifier votre style de conduite ?

→ Ce n'est pas une révolution, ça reste toujours du pilotage et la base demeure identique. Après, il faut s'adapter au comportement de la voiture. Parfois, on va essayer de faire certaines choses avec l'auto, mais ce ne sera pas possible, donc il faut trouver des solutions, optimiser ce que vous avez entre les mains. Ça demande des petits ajustements, mais j'ai envie de dire que c'est déjà le cas tous les week-ends en fonction des tracés. Après, il y a certaines caractéristiques de l'Alpine qui sont vraiment différentes du package que j'exploitais auparavant. Du coup, j'ai dû actualiser mes références.

« On sait tous les deux qu'on a besoin l'un de l'autre pour faire avancer l'équipe. Il faut travailler ensemble, être ouverts l'un envers l'autre et dans le partage d'informations. »

Comment se passe la collaboration avec Esteban ?

→ C'est productif et ça bosse bien, on est vraiment très professionnels dans notre approche. On sait tous les deux qu'on a besoin l'un de l'autre pour faire avancer l'équipe. Il faut travailler ensemble, être ouverts l'un envers l'autre et dans le partage d'informations. Les choses se sont faites assez naturellement, d'autant qu'on a des retours assez proches. On aiguille l'équipe dans des directions similaires. C'est très positif pour la suite.

Justement, est-ce que l'on retrouvera davantage la patte de Pierre Gasly sur l'Alpine 2024 ?

→ C'est toujours un compromis et le fruit d'un travail constant qui a lieu tous les week-ends. Nos retours sont collectés pour améliorer la voiture. On prend également le temps de se poser à l'usine pour approfondir certains détails et avoir des demandes un peu plus personnelles : davantage de motricité ici, un meilleur refroidissement pneumatique là, etc. Tout ça a clairement un impact sur la voiture de l'an prochain. Après, les ingénieurs nous proposent des solutions, et toute l'équipe essaie de faire au mieux pour prendre en compte ces remarques et les incorporer.

Après quasiment une décennie dans le même giron, avez-vous également le sentiment d'avoir franchi un cap en matière de maturité en rejoignant Alpine ?

→ Cela a apporté un peu de fraîcheur. C'est un nouveau défi très stimulant avec un constructeur français. Il y a une très belle histoire derrière. Mener Alpine à la victoire, au sommet du sport automobile, ce serait magnifique. C'est un projet dans lequel je suis impliqué à 200 %. L'environnement est différent, mais je suis très clairement sur la même longueur d'onde que l'équipe en matière d'ambition et d'objectifs. C'est quelque chose de très important à mes yeux. Tout au long de ma carrière, j'ai toujours eu des attentes et des exigences très élevées envers moi-même. Bien plus que n'importe qui d'autre.

Que peut-on vous souhaiter pour 2024 ?

→ Honnêtement, aller chercher une victoire avec Alpine serait vraiment spécial. Cela ne relève pas de l'impossible. Cette saison, nous avons accroché plusieurs Tops 3 avec une voiture un peu compliquée. J'espère vraiment qu'on pourra effectuer un grand pas en avant, comme on a vu plusieurs écuries le faire. Il y a des opportunités. C'est à nous de les saisir en se montrant également plus constants dans la performance.

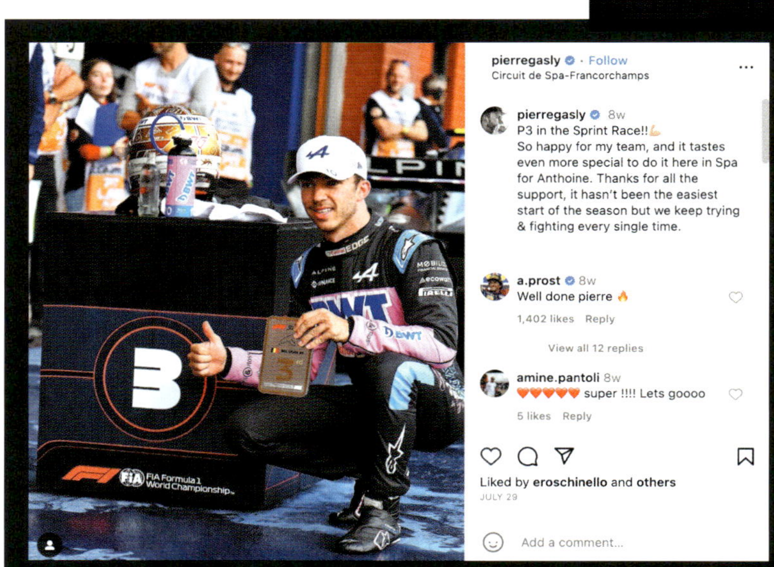

3ᵉ place dans la course Sprint !! Tellement heureux pour l'équipe ! Ce résultat a une saveur encore plus particulière car il est décroché ici, à Spa, pour Anthoine. Un grand merci pour tous vos encouragements. Le début de saison n'a pas été évident mais on ne lâche rien et on se bat à chaque instant.

Gasly exulte après sa belle
3e place lors du Sprint belge.

08
ALPINE
azon music

ESTEBAN OCON
CHEVILLE OUVRIÈRE

→ 08 *ESTEBAN OCON*
CHEVILLE OUVRIÈRE

LE PILIER D'ENSTONE

Les départements châssis et moteur de l'écurie Alpine ont subi bien des transformations au cours de la décennie écoulée. Témoin privilégié de ces changements d'envergure, le Normand, dont les premiers roulages F1 avec Enstone remontent à 2014, revient sur cette métamorphose dont il est l'un des piliers.

Ocon défend les couleurs
de l'écurie depuis 2020.

UNE RELATION DE LONGUE DATE

Esteban Ocon affiche à peine 18 ans quand il remporte le très relevé championnat d'Europe de Formule 3 FIA dès sa première saison dans la catégorie. Au terme d'une lutte acharnée lors de cette saison 2014, le Normand, membre de la filière Lotus (l'ancêtre de l'Alpine Academy) depuis 2010, devance notamment un certain Max Verstappen, lui aussi rookie à cet échelon. En guise de récompense, Ocon effectue différents roulages F1. Le premier a lieu sur le circuit espagnol de Valence à bord d'une Lotus E20 alignée par l'écurie d'Enstone en 2012. Pour ses débuts au volant d'une machine de Grand Prix, le gamin d'Évreux impressionne tellement l'équipe que cette dernière décide de lui confier le volant de sa Lotus E22 lors des Essais Libres 1 du Grand Prix d'Abu Dhabi 2014. Alors qu'il découvre le circuit de Yas Marina et les nouveaux moteurs V6 turbo hybrides, Ocon termine un rang et à peine 3/10e derrière le titulaire habituel Pastor Maldonado. L'année suivante, Esteban enchaîne avec le titre GP3 Series, qu'il décroche également dès le premier coup. 2016 marque le retour d'Ocon à Enstone, le jeune homme de 19 ans étant nommé réserviste officiel de l'écurie d'usine de Renault, qui a racheté Lotus l'hiver précédent. Durant l'été 2016, il est placé chez Manor et devient le 28 août le plus jeune Français à débuter en F1, quand il s'aligne au départ du Grand Prix de Belgique. Recruté par l'écurie Force India, Ocon s'impose comme l'une des stars montantes de la discipline en 2017 et 2018, avant d'être nommé 3e pilote chez les multiples champions du monde Mercedes pour la campagne 2019. Les liens avec Renault n'ont jamais été coupés et, cet été-là, le constructeur hexagonal annonce son recrutement pour en faire un titulaire aux côtés de Daniel Ricciardo à compter de la saison suivante. Son grand retour à la compétition est toutefois repoussé en raison de la pandémie de Covid-19 qui met le monde à l'arrêt début 2020. Ocon doit patienter jusqu'au début du mois de juillet pour enfin reprendre le fil de sa carrière de pilote F1. Dans un contexte sanitaire inédit et très compliqué, les courses s'enchaînent à un rythme effréné, tandis que les déplacements à l'usine sont limités à leur plus simple expression. Esteban, qui sort d'une saison blanche, ne peut progresser autant qu'il le souhaiterait, et doit se mesurer à un Ricciardo désormais parfaitement acclimaté. La fin d'année se révèle toutefois bien plus positive pour le pilote français, qui signe son premier podium en carrière au Grand Prix de Sakhir (2e). « *J'ai pleuré sur la ligne, c'est dire l'émotion qui m'a submergé à ce moment-là,* souffla Ocon après la course. *La saison a été difficile pour nous. Cela n'a pas toujours été payant, mais nous n'avons jamais relâché nos efforts. Nous avons continué à travailler d'arrache-pied, nous sommes restés motivés. C'était très important. Quand de moins en moins de gens croient en vous, il est essentiel de croire en soi.* » Esteban ne pouvait rêver meilleur résultat pour faire taire les critiques.

Esteban dans son élément au cœur du Temple de la vitesse lors du GP d'Italie.

PREMIER VAINQUEUR ALPINE

En 2021, tout change ou presque pour Enstone et Viry. Renault devient Alpine ; Daniel Ricciardo fait place au revenant Fernando Alonso ; le responsable d'écurie n'est plus le même, et Ocon hérite d'un nouvel ingénieur de course en la personne de Josh Peckett. Les deux s'étaient rencontrés du côté de Manor lors des débuts F1 d'Esteban en 2016. Le courant passe tout de suite et la collaboration permet au pilote français de franchir un palier décisif. Alors que nombreux sont les pilotes à avoir souffert de la comparaison avec Alonso, Esteban fait mieux que résister face au Taureau des Asturies. Le 1er août 2021, Ocon rentre dans l'histoire en signant sa première victoire F1 au Grand Prix de Hongrie. Après avoir repoussé les assauts du quadruple champion du monde Sebastian Vettel pendant près de 70 tours, Esteban décroche non seulement le premier succès d'Alpine en F1, mais également le premier d'un châssis d'Enstone depuis l'Australie 2013. Il devient aussi le premier Français à s'imposer dans une voiture française propulsée par un moteur français depuis Alain Prost avec Renault au GP d'Autriche 1983 ! « *C'est un grand moment,* jubile le 111e vainqueur F1 de l'histoire, le 14e Français. *Je m'en souviendrai pour toujours. Je ne sais pas trop quoi dire, honnêtement. C'est fou ! Nous en parlions avec l'équipe il n'y a pas si longtemps, nous pensions que la prochaine étape pour nous serait la première marche, comme nous avions déjà terminé 2e la saison dernière. Nous ne nous attendions pas à ce que ce soit aujourd'hui, c'est certain. Je suis très reconnaissant envers l'écurie pour la confiance qu'ils m'ont accordée. Nous sortons de plusieurs courses difficiles. Nous avons surmonté cette situation délicate et retrouvé notre rythme. Bien sûr, il y a eu pas mal d'incidents dans cette course, mais il faut savoir être à l'affût des occasions quand elles se présentent et les saisir. C'est ce que nous avons fait.* » Au classement final du championnat, Ocon termine un rang seulement derrière l'inoxydable Alonso. En 2022, les positions au général sont inversées. Esteban rejoint ainsi Lewis Hamilton (2007) et Jenson Button (2015) dans le club très fermé des pilotes ayant réussi à battre le double champion du monde espagnol au championnat en étant son équipier. L'émulation qui règne entre les pilotes Alpine permet à la marque dieppoise d'accrocher la 4e place du championnat Constructeurs, l'objectif affiché en début de saison. « *Ça fait du bien,* confie Ocon au soir de la campagne 2022. *Fernando est un pilote très très rapide. J'ai dû élever mon niveau de jeu autant que je le pouvais. Finir devant lui est une belle satisfaction*

Le casque rouge d'Esteban est un hommage à son idole de jeunesse, Michael Schumacher.

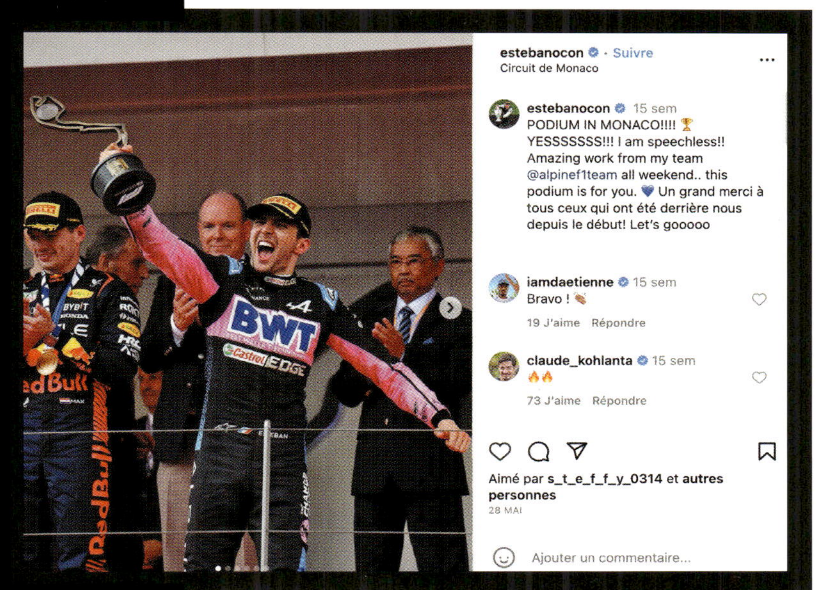

PODIUM À MONACO !!!! YESSSSSSS!!!
Je n'ai pas les mots ! Superbe travail de l'équipe @alpinef1team tout au long du week-end. Ce podium est pour vous. Un grand merci à tous ceux qui ont été derrière nous depuis le début!
Let's gooooo

cette année. C'était génial de travailler avec Fernando et de pousser l'équipe à un tel niveau. » En 2023, Ocon accueille une nouvelle pointure à son côté en la personne de Pierre Gasly. Pas de quoi inquiéter un pilote qui s'est déjà mesuré à des références comme Sergio Pérez, Ricciardo et Alonso. Malgré une Alpine A523 dont les performances n'ont pas été aussi probantes qu'attendues, Esteban continue de tirer la quintessence de son matériel et signe le premier coup d'éclat des Bleus.

WEEK-END PRINCIER À MONACO

C'est un ruban d'asphalte étroit et sinueux où les plus grands pilotes se sont distingués, le théâtre de l'épreuve la plus glamour et prestigieuse : le Grand Prix de Monaco reste le joyau du calendrier F1. Et propose un défi hors norme. Lancés à des vitesses ébouriffantes entre les rails, les pilotes n'ont pas le droit à l'erreur, le moindre écart se payant cash. Sur le sec, le challenge est déjà immense, autant sur le plan physique que mental. Alors imaginez sur piste humide… Ocon brille dès les qualifications en Principauté où il se hisse à une superbe 3e place sur la grille. On a coutume de dire que le plus gros du travail est fait le samedi à Monte-Carlo tant il est compliqué de dépasser en course. Encore faut-il réussir son envol, ce qu'Esteban négocie parfaitement, puis tenir la distance. Mais les cartes de cette édition 2023 se retrouvent totalement redistribuées quand une averse aussi soudaine que violente vient balayer le circuit monégasque à une grosse vingtaine de tours de l'arrivée. Dans ces conditions d'adhérence particulièrement précaires, il est terriblement facile de partir à la faute ou commettre une erreur au niveau de la stratégie. Ocon et Alpine triomphent de la tempête pour émerger sur la 3e marche du podium. « *Je suis encore un peu sur mon nuage,* confie l'Ébroïcien, tout sourire. *Nous avons connu un début de saison difficile, mais dès la première séance, je me suis senti fort dans la voiture, confiant au volant. J'ai pu attaquer, séance après séance, et flirter plus que jamais avec la limite. Cela m'a permis de boucler un super tour en qualifications, ce qui représente 90 % du travail à Monaco. Mais ce n'était pas le cas aujourd'hui ! La pluie a tout remis en cause, et nous avons dû choisir de chausser les pneus intermédiaires au bon moment. À partir de là, j'ai subi une énorme pression de la part de Lewis* (Hamilton sur Mercedes). *Il a attaqué à fond jusqu'au dernier tour. Il était plus rapide dans la section mouillée des virages 5 à 8, et j'étais plus rapide dans les portions sèches. Ce fut une course incroyablement difficile à maîtriser, mais la récompense est immense. Je suis très heureux.* » Esteban devient le premier pilote français, depuis Olivier Panis en 1996, à monter sur le podium à Monaco.

Associé de près ou de loin à Enstone et Viry depuis plus de dix ans, Ocon a pu constater les investissements majeurs réalisés dans les infrastructures des départements châssis et moteur d'Alpine : la rénovation et l'agrandissement des bâtiments, l'amélioration des outils, l'accroissement quantitatif et qualitatif des troupes. À titre plus personnel, Esteban est devenu un pilier de l'équipe, dont la voix est écoutée et respectée. Ensemble, ils se sont constitué une belle collection de médailles, en ajoutant le bronze monégasque à l'argent bahreïni et l'or hongrois. Un palmarès qu'Alpine et Ocon comptent bien étoffer à l'avenir.

Comme tous les pilotes F1, Ocon travaille dans un « bureau » ultra-sophistiqué mais particulièrement étroit.

Ocon a su dompter les éléments à Monaco pour aller cueillir un podium de prestige.

BWT
RENAULT
E-TECH
Castrol
31

En tête à tête

ESTEBAN OCON

« Ça me plaît de me mesurer aux meilleurs, c'est pour ça que je suis en F1. »

Présent comme titulaire depuis fin 2019, le vainqueur du Grand Prix de Hongrie 2021 revient sur le chemin parcouru par Alpine ces dernières années, son évolution personnelle et sa collaboration avec Pierre Gasly cette année. Tout en se projetant déjà vers l'avenir.

Quelles différences existe-t-il entre l'Esteban Ocon de 2023 et celui qui a rejoint Renault fin 2019 ?

→ Je ne suis pas un pilote radicalement différent. Quand je suis arrivé dans l'écurie, il y a des choses qui ne fonctionnaient pas forcément comme je le souhaitais. Il a fallu du temps pour mettre des changements en place afin que je me sente à l'aise. Et pour que l'équipe me fasse confiance également. Petit à petit, on a réussi à trouver les bons automatismes, les bonnes procédures. Nous sommes devenus une équipe bien plus forte. Cela s'est traduit par toutes les opportunités que nous avons réussi à saisir ensemble. Pour qu'une équipe fasse confiance à un pilote dans ses choix de réglages et ses orientations de développement de la voiture, il faut lui apporter des preuves. Autrement dit, si vous la guidez et que vos axes d'amélioration se matérialisent par des résultats tangibles, l'écurie ne se pose plus de questions. Elle se dit : « *Esteban a raison, il faut aller dans son sens* ».

« UNE ICÔNE ET UN OCON » volume 2
bienvenue dans l'équipe, Zizou!

Êtes-vous devenu plus sage avec le temps ?

→ Je vous rassure, je veux toujours tout casser quand je roule, dans le bon sens du terme *(rires)*. J'ai toujours autant de motivation qu'auparavant, je veux faire de gros résultats. Après, c'est sûr qu'avec le temps, en étant beaucoup plus établi en F1, en ayant gagné une course, fait des podiums, je me suis enlevé un poids des épaules. Je suis dans une situation de vie bien meilleure, y compris sur le plan personnel. J'avais bien plus de pression avant. Je suis désormais plus serein. Je me concentre

Fiable et attachant, Esteban est un élément-clé d'Alpine.

sur la piste, le travail à effectuer, et mets tout en œuvre pour m'y prendre du mieux possible.

Beaucoup de choses ont changé à Enstone et Viry depuis votre titularisation. Avez-vous le sentiment d'être devenu un vrai pilier de l'équipe ?

→ Je suis peut-être l'un des pilotes qui a le plus de départs en course chez Renault, et a passé le plus d'années dans cette écurie, derrière Fernando (Alonso). Ça fait énormément plaisir d'avoir la confiance d'un constructeur prestigieux, d'une grande équipe de l'histoire de la F1.

Comment l'équipe a-t-elle évolué depuis votre passage comme réserviste Renault en 2016 ?

→ C'est quelque chose dont les gens ne se rendent pas vraiment compte. J'ai assisté à toutes les phases d'évolution, et vu à quel point l'usine d'Enstone a changé. Elle a doublé de volume. Viry aussi s'est agrandi avec un nouveau bâtiment de l'autre côté de la route. Il y a davantage de ressources. Ce n'est plus du tout l'équipe qu'il y avait du temps de Lotus, et même en 2016, au début du retour de Renault. La voiture est beaucoup plus saine. La qualité de montage n'a plus rien à voir. La fiabilité est cent fois meilleure, le développement également. Les pièces mettent moitié moins de temps à arriver que par le passé.

Sergio Pérez, Daniel Ricciardo, Fernando Alonso, Pierre Gasly : la liste de vos coéquipiers est impressionnante et vous avez toujours fait bonne figure face à eux. Avez-vous parfois le sentiment d'être un peu sous-coté ?

→ Depuis que je suis arrivé en Formule 1, je n'ai jamais eu de coéquipier qui était dans l'ombre. Je n'ai eu que des bons, que des gars qui ont gagné, des champions du monde, des légendes du sport. Même chez Manor où j'épaulais Pascal Wehrlein, qui était champion DTM et se bat aujourd'hui pour le titre en Formule E. Ce ne sont que des gars hyper solides. Ç'a toujours été très serré, mais c'est très bien pour moi. On devient un pilote plus complet et plus fort dans l'adversité. Je me dis toujours : « *Deux bras, deux jambes, le gars est prenable* ». Le moment où j'ai eu le plus de mal, c'est face à Daniel (Ricciardo), quand je suis revenu en 2020. Je sortais d'une année sans rouler. La campagne a été marquée par la Covid, qui a perturbé le calendrier. On avait des courses très rapprochées, donc peu d'occasions de faire des tests entre, et j'arrivais dans une nouvelle équipe. Mais je suis très content de la façon dont j'ai fini la saison avec un podium à Sakhir et une belle dernière qualif' face à Daniel où j'ai trouvé les clés pour hausser mon niveau de jeu. Je l'ai gardé avec Fernando (Alonso) et j'ai réussi à le battre au championnat en 2022. Ça me plaît de me mesurer aux meilleurs, c'est pour ça que je suis en F1.

Comment avez-vous réagi à l'annonce du recrutement de Pierre Gasly ?

→ Bien car c'était le bon choix. Quand est venue l'heure de choisir un successeur à Fernando, le meilleur disponible était clairement Pierre. Il a prouvé lui aussi qu'il est l'un des meilleurs en F1. Je suis très content qu'il nous ait rejoints pour travailler ensemble, comme on avait pu le faire à certains moments dans le passé. Dès le début, il s'est senti dans son élément avec l'équipe et la voiture, et il a répondu présent. Je suis très satisfait de notre collaboration. L'atmosphère est très bonne. C'est tout ce qu'on pouvait nous souhaiter.

« Nous sommes sur le bon chemin. On progresse, on comprend de mieux en mieux la voiture, on arrive à augmenter le rythme petit à petit. »

C'est assez incroyable de retrouver dans la même équipe de Formule 1 deux hommes qui ont appris les ficelles du métier ensemble !

→ Je pense que cela nous a aidés, de grandir et rouler ensemble, également avec Charles (Leclerc). On s'est tous poussés mutuellement. Pierre avait commencé le kart un petit peu plus tard. Il avait d'ailleurs débuté avec moi. On roulait tout le temps ensemble. Je lui montrais les trajectoires initialement, puis il a forcément commencé à prendre du niveau. On concourait dans les mêmes championnats et c'est ainsi qu'on a réussi à se retrouver parmi les meilleurs au monde maintenant. C'est clairement une belle histoire.

Quel souvenir gardez-vous de votre podium à Monaco ?

→ C'était juste un week-end incroyable. On sortait d'un moment compliqué, on avait du mal à entrer dans les points, à avoir de la vitesse en général. On ne s'attendait pas à un tel résultat, et pourtant, dès qu'on a posé la voiture sur le circuit en Essais Libres 1, l'auto s'est mise à fonctionner vraiment bien. Je me sentais très à l'aise au volant. J'ai réussi à boucler un super tour qualif' qui m'a propulsé aux avant-postes pour la course du dimanche. Lors du Grand Prix, nous avons su saisir toutes les occasions qui se sont présentées, du début à la fin, avec des conditions hyper compliquées, de la pluie, du roulage en slicks sous le mouillé et en ville. On n'a pas du tout volé notre résultat. On signe ce podium au mérite. Ce fut un week-end très plaisant qui a boosté le moral de tout le monde pour le reste de la saison.

Comment envisagez-vous l'avenir avec Alpine ?

→ Nous sommes sur le bon chemin. On progresse, on comprend de mieux en mieux la voiture, on arrive à augmenter le rythme petit à petit. C'est sûr que les autres écuries progressent également, mais notre objectif reste de monter en puissance et c'est ce que nous allons accomplir.

Esteban en action au volant de l'Alpine A523 dans sa livrée rose vue sur les trois premiers GP 2023.

→ 09

JACK DOOHAN

UN RÉSERVISTE AMBITIEUX

→ 09 *JACK DOOHAN, UN RÉSERVISTE AMBITIEUX*

UN TALENT VENU DES ANTIPODES

Fils d'une légende de la moto, le jeune Australien officie comme réserviste officiel du constructeur français lors de la saison 2023, tout en brillant dans l'antichambre de la F1. Rencontre avec un jeune homme aussi décontracté que déterminé.

Jack Doohan célèbre sa victoire en Hongrie,
où il aura survolé les débats de bout en bout.

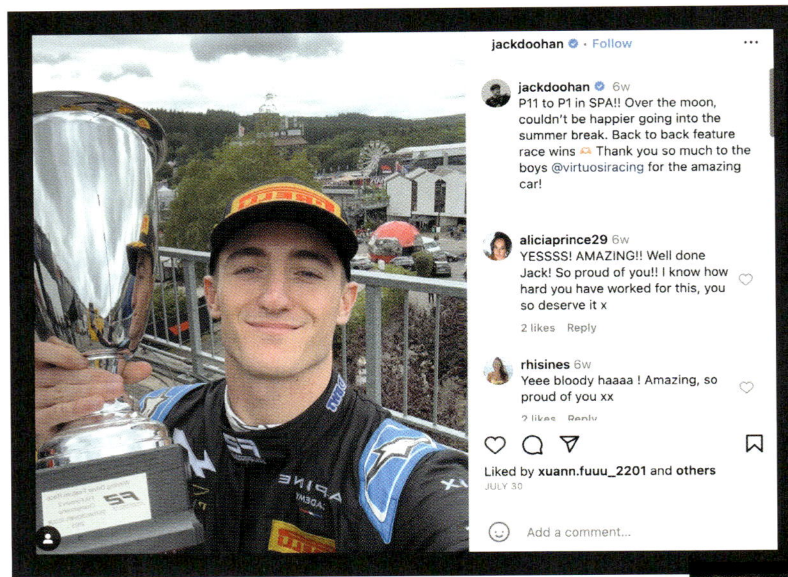

De la 11e à la 1re place à SPA et une deuxième victoire en course longue d'affilée !! Il n'y a pas de meilleures sensations juste avant la trêve estivale. Un grand merci aux gars de @virtuosiracing pour m'avoir préparé une super voiture !

BON SANG NE SAURAIT MENTIR

Avec un père quintuple champion du monde de MotoGP (1994-1998), pas étonnant de voir Jack Doohan embrasser une carrière en sports mécaniques. Sauf que le jeune homme âgé de 20 ans a préféré la voiture aux deux-roues qui ont fait la gloire de son paternel. « *Ç'aurait été encore plus dur si j'avais décidé de faire de la moto,* relativisait Jack dans un entretien avec *AUTOhebdo. Être son fils est plus une chance qu'un fardeau. Je lui suis si reconnaissant de m'avoir ouvert les portes de ce milieu, même si c'était ensuite à moi de m'engager pleinement dans cette voie. C'est mon père avant d'être mon mentor. Il m'arrive d'oublier qu'il a été cinq fois champion du monde. Plus le temps passe, et plus j'essaie de m'inspirer de son parcours, de le questionner, car il a vécu ce que je vis aujourd'hui. Il est de très bon conseil.* » Mick Doohan n'est d'ailleurs jamais très loin de sa progéniture dans le paddock, sans interférer pour autant.

À LA COOL

L'accent et la personnalité très relax trahissent vite les origines du garçon. Jack est un Australien, un vrai. Il a grandi à Gold Coast, entre Brisbane et Sydney. Une station balnéaire aisée, aux faux airs de Miami, où les surfeurs coulent des jours heureux malgré le climat subtropical humide et lourd. « *J'y ai toujours vécu,* précise Doohan. *Dans la maison que mon père a bâtie quand il est revenu en Australie après sa carrière. Gamin, je courais surtout en deux-roues. Puis j'ai eu un accident à l'âge de 5 ans. Je me suis cassé la jambe. J'ai arrêté, puis fait un peu de BMX jusqu'à 7 ans, mais c'était plus un hobby qu'autre chose. Un jour, l'un de mes copains d'école a amené son karting sur la piste*

Le protégé d'Alpine s'est également imposé avec la manière en Belgique.

« Un jour, l'un de mes copains d'école a amené son karting sur la piste que mon père et ma mère avaient construite. J'avais 7 ans et demi, j'ai essayé et adoré. J'ai commencé la compétition dans la foulée. »

JACK DOOHAN

que mon père et ma mère avaient construite. J'avais 7 ans et demi, j'ai essayé et adoré. J'ai commencé la compétition dans la foulée. Je suis resté en Australie jusqu'à mes 13 ans. » En 2017, Jack débarque en Europe pour se lancer dans le grand bain. Un exil toujours compliqué pour les talents venus des antipodes. *« J'ai dû m'européaniser et faire en sorte de ne pas être simplement le petit Australien de service, car la culture et le style de vie sont différents*, rembobinait Doohan. *Quand je revois des vidéos de moi à 14 ans dans des équipes britanniques, je me rends compte que je prenais un petit accent anglais. Lorsque j'entends ça aujourd'hui, je me dis :* "Mais pourquoi tu parlais comme ça !" (rires). *Je n'ai rien contre les Britanniques, mais je suis Australien ! J'ai l'accent d'ailleurs, vous avez dû le remarquer ? »* Impossible de passer à côte en effet, Jack !

APPRENDRE DANS L'ADVERSITÉ

Côté piste, l'Australien prouve vite que la vitesse est héréditaire. Ses débuts encourageants en F4 britannique (5e en 2018) sont suivis de résultats probants. Deux fois vice-champion de F3 Asie Jack apparaît sur le radar des écuries F1 en 2021, où il termine vice-champion de FIA Formule 3 avec avec l'écurie Trident (4 victoires et 2 poles). Des performances qui lui permettent de décrocher une place dans l'Alpine Academy, la filière de jeunes pilotes du constructeur français. Cette année-là fut cruciale pour le gamin du Queensland qui rêvait de revanche après une campagne 2020 très compliquée dans cette même catégorie, conclue sans aucun point ! « *C'est une saison qui aurait pu tuer ma carrière*, se souvenait Doohan péniblement en évoquant cette année noire. *Je ne veux pas être exhaustif dans les explications pour ne pas manquer de respect à l'équipe en question. Disons que la connexion avec eux n'a pas été exceptionnelle. J'ai galéré dans les grandes largeurs et je n'ai pas ressenti tout le soutien dont j'avais besoin. Mais je ne veux pas critiquer, cela aurait pu fonctionner pour d'autres. Je n'étais juste pas en mesure de montrer mon potentiel dans ce contexte, hélas. J'ai douté, l'année fut très compliquée. Mon père a investi du temps, de l'argent et beaucoup d'énergie pour faire en sorte de me créer des opportunités. C'était douloureux de me dire que je n'avais pas pu marquer de point en lever de rideau de la F1*. » L'anomalie sera balayée dès la saison suivante.

Avec Doohan mais aussi Victor Martins (n°6 à l'arrière-plan), Alpine brille dans une catégorie F2 très relevée.

Jack peut compter sur le soutien et les conseils précieux de son illustre père Mick Doohan, quintuple champion du monde de MotoGP.

DÉBUTS IMPRESSIONNANTS EN FORMULE 2

Malgré un statut de rookie en F2 en 2022, Doohan signe trois pole positions, mais surtout autant de victoires pour finir à la 6e place du classement général. « *Si l'on regarde les statistiques de la première partie de saison 2022, j'étais vraiment rapide en qualifications, mais je n'arrivais pas à tout mettre bout à bout en course,* détaillait-il encore. *Le déclic a eu lieu quand on a trouvé les réglages qui me convenaient à mi-saison. Et les résultats ont suivi.* » La vitesse pure et les coups d'éclat du garçon ont même poussé Alpine à l'envisager pour un baquet en F1 dès 2023. En septembre 2022, Jack participe ainsi à un test privé sur le Hungaroring de Budapest, où sont également présents Antonio Giovinazzi et Nyck de Vries. « *Je pense qu'il était assez clair que le test ne déterminerait rien, c'était quasiment réglé avec Pierre Gasly,* précisa Doohan. *Je l'ai pris comme une opportunité de prouver mes qualités auprès de l'équipe. C'était incroyable, vraiment cool de comparer les données avec des gars actuellement sur la grille.* » Quelques semaines plus tard, Jack effectue ses grands débuts dans le cadre d'un meeting de Formule 1 lorsqu'il participe aux Essais Libres 1 du Grand Prix du Mexique. Il renouvellera l'expérience lors de la finale du championnat à Abu Dhabi, avant d'être nommé réserviste officiel de l'équipe à l'aube de la saison 2023.

REBOND GAGNANT

En parallèle, Doohan rempile pour une seconde campagne en Formule 2, avec l'objectif naturel d'être titré dans l'antichambre de la F1. Hélas, le jeune Australien essuie un début de saison compliqué, malgré un joli podium en Arabie saoudite (2e). « *Malheureusement, des éléments indépendants de ma volonté et de celle de l'équipe ont fait que nous n'étions pas du tout dans le rythme,* expliqua Doohan. *C'est difficile à accepter (…) on a limité la casse à Djeddah grâce à une piste plus rapide et comprenant peu de grosses zones de freinage. C'était très étrange. On ne parle pas d'un souci qui nous coûtait quelques dixièmes, mais de quelque chose qui nous repoussait à plus d'une seconde de la bonne fenêtre.* » Le tournant intervient lors d'une séance de tests organisée à Barcelone (Espagne) début mai. L'Australien et son équipe Virtuosi reprennent tout de zéro. Doohan apparaît ensuite comme transfiguré avec sept entrées dans le top 5 sur les dix courses suivantes, dont deux victoires en course longue (Hongrie et Belgique). Si le sacre F2 s'est finalement refusé à lui, Doohan s'est distingué par sa pointe de vitesse, sa force de caractère et sa faculté à ne rien lâcher jusqu'au bout. Des atouts essentiels à l'heure d'embrasser une carrière de pilote professionnel.

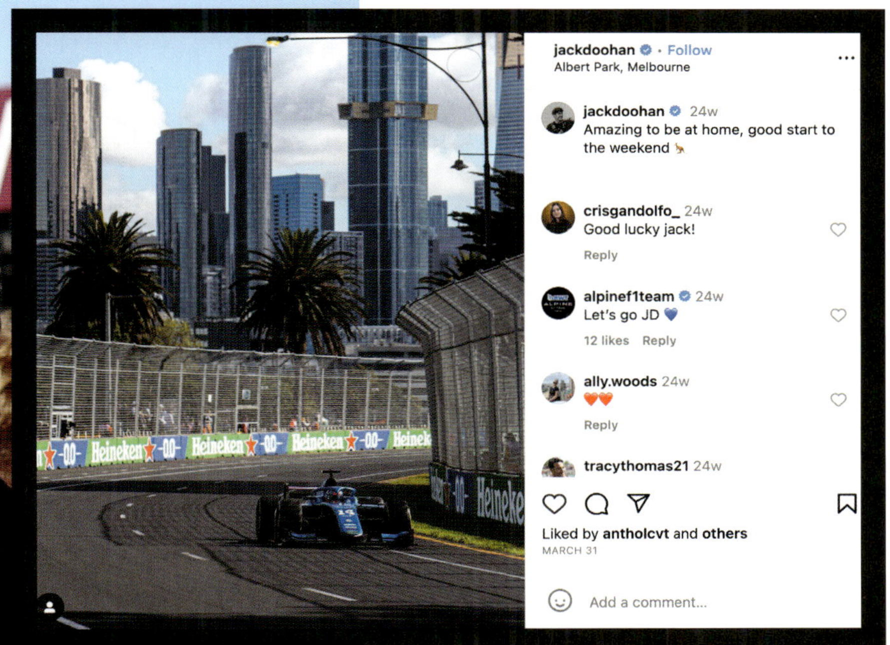

C'est génial de courir à la maison !
Nous avons connu un bon début de week-end

Bruno Famin, nouveau directeur de la compétition Alpine, félicite son pilote dans le parc fermé du Hungaroring.

aramco
14
JETCRAFT

Un « crachin » typiquement britannique pour la manche F2 de Silverstone.

En tête à tête

JACK DOOHAN
NÉ LE 20 JANVIER 2003 À GOLD COAST (AUSTRALIE)
RÉSERVISTE ALPINE F1 TEAM EN 2023

Présent sur toutes les courses du calendrier, l'Australien détaille son rôle tout en expliquant comment il concilie son programme en F2 avec sa mission au sein de l'écurie de F1.

En quoi consiste votre rôle de réserviste Alpine ?

→ Mon planning se calque sur celui des titulaires, c'est-à-dire que je participe aux différents briefings et débriefings avec les ingénieurs, j'assiste aux séances directement depuis le garage, etc. C'est également une superbe occasion de me faire davantage connaître des fans et des partenaires en prenant part à de nombreuses opérations marketing et de relations publiques. L'objectif consiste à se préparer du mieux possible dans tous les domaines pour être totalement prêt le jour où, je l'espère, viendra l'heure d'endosser le costume de pilote titulaire. C'est l'idéal pour comprendre comment l'équipe fonctionne, quel est le rôle de tout le monde, etc. Car l'effectif est bien plus étoffé que dans les formules de promotion où vous n'avez que l'équipe de course.

On a vu ces dernières années qu'un 3e pilote pouvait être mobilisé à tout moment et souvent à la dernière minute. Comment gérez-vous cet aspect du poste sans vous laisser déconcentrer ?

→ L'intitulé du rôle « réserviste » parle de lui-même. Forcément, cela traîne dans un coin de la tête ; le fait que vous pouvez vous retrouver à devoir sauter dans la voiture au dernier moment. C'est pour cela que je me prépare le plus méticuleusement possible, que j'assiste à tous les meetings, etc. Je me sens prêt si jamais mes services sont requis. Après, je n'y pense pas de manière consciente non plus. Je ne souhaite de mal à personne naturellement. Je suis déjà très heureux et reconnaissant d'avoir cette opportunité.

« Je me sens prêt si jamais mes services sont requis. »

Quel genre de conseils vous prodigue votre père Mick Doohan, quintuple champion du monde de moto ?

→ Son aide m'est très précieuse, notamment sur le plan de la préparation mentale et de l'état d'esprit à adopter quand on veut faire carrière dans les sports mécaniques. C'est une question d'attitude et d'approche, pour s'assurer qu'aucun aspect n'a été négligé. Dans notre sport, il faut avoir conscience que certaines choses ne sont pas de

« Se préparer du mieux possible dans tous les domaines. »

notre ressort. Il y a des facteurs extérieurs sur lesquels vous n'avez aucun contrôle. L'idée, c'est d'être toujours prêt physiquement et mentalement pour saisir les opportunités quand elles se présentent.

Vous avez rejoint l'Alpine Academy début 2022. Comment vous a-t-elle aidé à vous développer en tant que pilote, mais aussi en tant qu'être humain ?

→ C'est sans doute la meilleure décision que j'ai prise dans ma jeune carrière en formules de promotion. J'y pensais depuis un moment, car avant cela, je faisais partie de la filière Red Bull. Alpine m'a accueilli les bras ouverts et permis de grandir avec eux au sein de l'écurie de F1. J'ai pu gravir les échelons petit à petit de telle sorte que lorsque l'occasion s'est présentée, j'étais déjà bien intégré au team. Avant même d'être nommé réserviste, j'ai eu l'occasion de participer à des séances d'Essais Libres 1. J'ai effectué mon premier roulage F1 dès le mois d'avril 2022. Et il y a eu de nombreuses autres sessions depuis. Je suis très reconnaissant envers Alpine de me donner ces opportunités. Je leur dois beaucoup. Je suis devenu un meilleur pilote mais également une meilleure personne.

Comment gérez-vous vos obligations en F1 avec votre programme de course en Formule 2 ?

→ Honnêtement, ça se passe de manière très détendue. Le planning s'enchaîne sans problème. L'équipe s'est vraiment arrangée pour que je sois dans les meilleures dispositions et me concentre sur la Formule 2 lors des 13 week-ends où nous nous produisons en lever de rideau d'un Grand Prix. Dès que j'ai rempli mes obligations en F2, je mets le cap sur le paddock F1 pour emmagasiner de l'expérience et apporter ma contribution. Si je prends l'exemple du dimanche, la course longue de la F2 finit assez tôt, donc je peux assister au briefing F1 dans la foulée, puis au Grand Prix. Au final, je suis présent sur les 22 manches du championnat du monde de Formule 1.

Avez-vous l'occasion de travailler dans le simulateur d'Enstone entre les courses ?

→ Oui, absolument. Cela me permet de prendre plus rapidement mes marques à bord de la voiture. C'est vraiment une expérience utile et sympa. La première fois que je suis monté à bord du simulateur, c'était début 2022, avant de prendre le volant d'une F1. J'y ai passé pas mal de temps depuis, c'est un outil particulièrement précieux pour préparer les séances d'Essais Libres 1 auxquelles j'ai participé.

Quelle relation entretenez-vous avec Esteban et Pierre ?

On s'entend vraiment bien, c'est top. C'est un plaisir de travailler avec les deux. Ils ont beaucoup d'expérience en F1 et jouissent d'une belle réputation dans le paddock. Ils me donnent des conseils. Après, on reste des pilotes de course, donc personne ne livre ses petits secrets. Car dans un avenir proche, je l'espère, nous serons amenés à être concurrents ou coéquipiers.

Est-ce que certains aspects de la vie dans le paddock F1 vous ont surpris ?

→ Rien ne m'a pris de court et c'est à mettre au crédit de l'Alpine Academy dont la structure m'a permis d'être le mieux préparé possible. Je suis très bien encadré et accompagné, donc il n'y a pas eu de mauvaise surprise. Dans une carrière de pilote automobile, il faut bien garder à l'esprit que les choses ne se font pas en un claquement de doigts. Il faut donner de sa personne. Il y a beaucoup d'engagements à honorer, notamment auprès des partenaires et des sponsors, car au bout du compte, ce sont également eux qui nous permettent de prendre la piste.

Que vous réserve l'avenir ?

→ Mon rêve reste la F1. L'équipe est toujours en train de me préparer pour cet objectif. Dès la fin 2022, on savait qu'il n'y aurait pas de baquet disponible chez Alpine avant au moins le terme de la saison 2024. Et ce indépendamment du scénario de la campagne 2023. Je me concentre pleinement sur mon rôle en F1 et mes engagements dans ce périmètre bien défini. Nous verrons quel est le meilleur programme pour continuer d'apprendre. Alpine a un projet Endurance particulièrement alléchant avec l'arrivée d'un prototype LMDh. Il y a un tas d'enseignements précieux à tirer dans ce domaine-là également, avant d'accéder à la F1. Je garde en tête l'exemple de Michael Schumacher qui a fait ses gammes en sport-prototype avant de débuter en Grands Prix. Ce ne serait pas un mauvais tremplin. Nous verrons bien.

Jack, ici avec Esteban Ocon et Pierre Gasly dans le paddock de Melbourne, espère rejoindre les Français sur la grille F1 le plus tôt possible.

BWT
Castrol

MSC
MSC
MSC
29
30
BWT
BANK
CHAROUZ

PROGRAMME RAC(H)ER
ÉGALITÉ DES CHANCES

→10 PROGRAMME RAC(H)ER
ÉGALITÉ DES CHANCES

FAIRE GRANDIR LES TALENTS FÉMININS DE DEMAIN

Lancé par Alpine en juillet 2022, le programme Rac(H)er a pour ambition d'œuvrer en faveur de l'égalité des chances et l'inclusion à tous les étages de la compétition au sein du A fléché, des pilotes de course aux ingénieurs en passant par les techniciens. Avec comme objectif ultime l'accompagnement d'une femme jusqu'à la Formule 1.

En 2023, Abbi Pulling est passée du statut de pilote affiliée Alpine à celui de membre de plein droit de l'Alpine Academy.

MARIA TERESA DE FILIPPIS LA PIONNIÈRE

Sur les 775 pilotes engagés sur les week-ends de Grand Prix depuis les débuts de la F1 à Silverstone, le 13 mai 1950, seulement 5 étaient des femmes. Maria Teresa de Filippis endossa le costume de pionnière dès 1958 quand elle participa à quatre Grands Prix au volant d'une Maserati 250F. Cette année-là, l'Italienne finit également 5e d'une course hors championnat disputée à Syracuse en Sicile. En 1959, elle s'aligna au Grand Prix de Monaco à bord d'une Behra-Porsche, sans toutefois parvenir à se qualifier. Si Maria Teresa de Filippis n'inscrivit aucun point au terme de ses 5 engagements F1, elle n'en reste pas moins une grande figure de la course automobile. Après sa tentative monégasque, il fallut patienter pas moins de 15 ans avant de retrouver une femme au sommet de la pyramide de la monoplace. Celle qui lui succéda, également italienne, fut la femme qui prit le plus de départs dans la catégorie (12 pour 17 engagements). Et la seule à entrer dans les points. Son nom : Lella Lombardi. Après un essai infructueux au volant d'une Brabham privée au Grand Prix de Grande-Bretagne 1974, Lombardi rejoint l'écurie March avec qui elle va disputer une bonne partie de la saison 1975. En Afrique du Sud, cette année-là, elle parvient à se qualifier pour la première fois de sa carrière, mais doit renoncer en course à cause d'un souci au niveau du circuit de carburant. La manche suivante va lui permettre de rentrer dans l'histoire.

UN DEMI-POINT POUR L'ÉTERNITÉ

Disputé sur le circuit de Montjuïc à Barcelone, le Grand Prix d'Espagne 1975 tient une place à part dans les annales de la F1, et ce pour plusieurs raisons. Prévue sur 75 tours, la course ne dépassera pas la 29e boucle en raison d'un accident mortel qui coûta la vie à 4 spectateurs. L'Allemand Jochen Mass fut déclaré vainqueur, signant par la même occasion son unique succès parmi l'élite. Enfin, Lella Lombardi termina 6e, un classement synonyme d'entrée dans les points. Moins de 60 % de la distance de l'épreuve ayant été couverts ce 27 avril 1975, seule la moitié des unités mises en jeu fut attribuée aux pilotes figurant dans le Top 6. Lombardi inscrivit donc 0,5 point. Une première

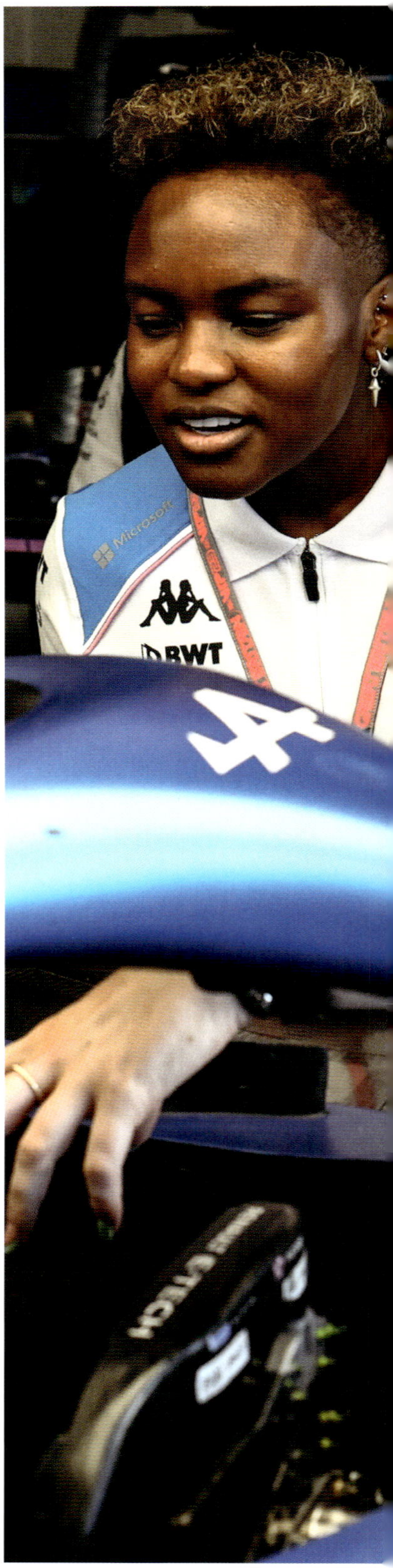

La double championne olympique de boxe Nicola Adams (à g.) a été nommée mentor du programme Rac(H)er.

Le Grand Prix de Grande-Bretagne 1976 reste, à ce jour, la seule course de l'histoire où deux femmes firent partie de la liste des engagés.

dans l'histoire du sport et un exploit jamais réédité depuis. Cette statistique, le programme Rac(H)er d'Alpine a bien l'intention de la dépoussiérer. Lella continua de rouler en F1 jusqu'en 1976. Cette année-là, elle fut rejointe à Brands Hatch (Royaume-Uni) par la Britannique Divina Galica, qui tenta de se qualifier au volant d'une Surtees TS16 privée. Le Grand Prix de Grande-Bretagne 1976 reste, à ce jour, la seule course de l'histoire où deux femmes firent partie de la liste des engagés. Galica retenta sa chance début 1978 avec une Hesketh. En vain.

UN LONG CHEMIN

En 1980, Desiré Wilson essaya de se qualifier avec une Williams, de nouveau à Brands Hatch. Sans succès. La Sud-Africaine s'était pourtant imposée sur cette même piste dans le cadre de la Formule Aurora, également connu sous le nom de championnat F1 britannique, une compétition alternative où s'affrontaient des monoplaces vieilles d'un an ou plus. À ce jour, Wilson reste la seule femme à avoir remporté une course au volant d'une Formule 1. La dernière pilote féminine à s'être engagée sur un Grand Prix officiel est encore une Italienne : Giovanna Amati. Alignée par Brabham début 1992, la Romaine tentera de se qualifier à trois reprises (Afrique du sud, Mexique et Brésil), sans y parvenir. Elle sera remplacée par le futur champion du monde, Damon Hill, qui aura également toutes les peines du monde à se hisser sur la grille de départ en raison d'un matériel plus que limité. Il faudra ensuite patienter 22 longues années avant de revoir une femme au volant lors d'un week-end de Formule 1. Recrutée par Williams en qualité de pilote de développement en 2012, Susie Wolff est alignée durant les Essais Libres 1 des Grands Prix de Grande-Bretagne puis d'Allemagne 2014. L'Écossaise renouvellera l'expérience la saison suivante à Barcelone (Espagne) et Silverstone (Royaume-Uni). L'ancienne coureuse DTM devient ensuite team principal, puis CEO de l'écurie Venturi en Formule E, avant d'être nommée, le 1er mars 2023, directrice générale du nouveau championnat de monoplaces 100 % féminin affilié à la catégorie reine : la F1 Academy.

Pierre Gasly en compagnie de Nicola Adams.

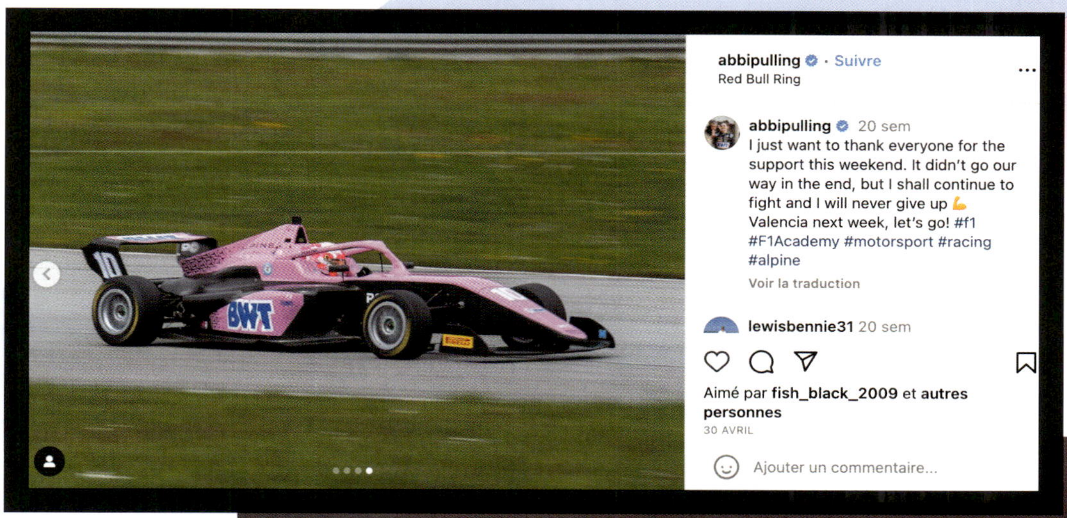

Je tiens à remercier tout le monde pour le soutien ce week-end. Le sort ne nous a pas souri mais je vais continuer de me battre et ne renoncerai jamais. Prochaine étape : Valencia la semaine prochaine, c'est parti !
#f1 #F1Academy #motorsport #racing #alpine

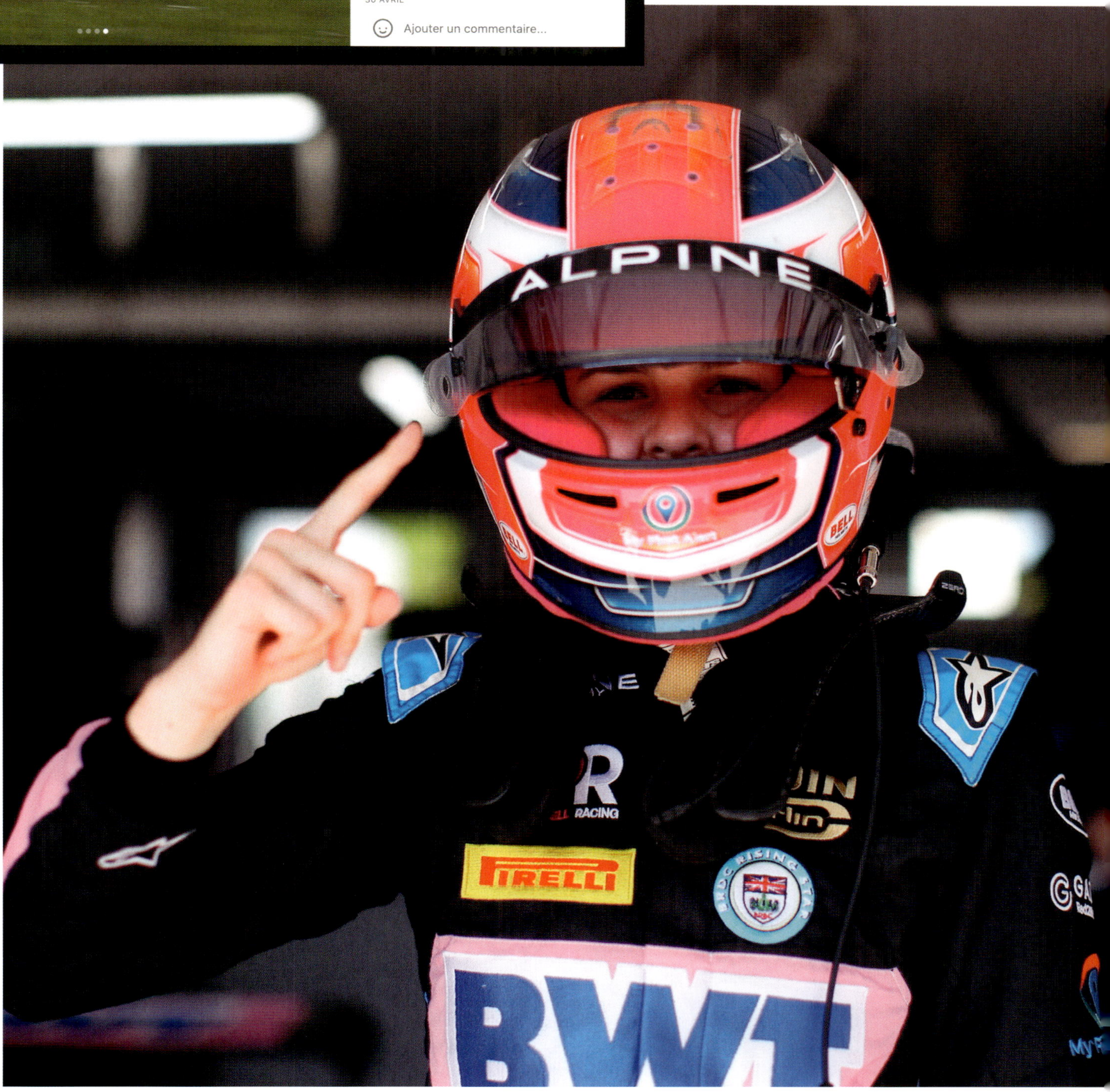

Abbi Pulling brille en F1 Academy cette saison.

AVENIR RADIEUX ?

Parmi les 15 pilotes qui composent cette discipline, se trouve une protégée du constructeur français : Abbi Pulling, qui est passée en 2023 du statut de pilote affiliée Alpine à celui de membre de l'Alpine Academy. Dans ce cadre, la Britannique de 20 ans bénéficie d'un programme d'entraînement sur mesure, tout comme sa consœur Sophia Flörsch, qui a rejoint la filière du A fléché cette saison. Engagée en championnat de Formule 3 FIA, l'Allemande de 22 ans est devenue la première femme à inscrire des points dans cette compétition depuis sa refonte en 2019. Dans leur ascension vers les sommets de la monoplace, les deux filles de l'Academy peuvent compter sur un encadrement de premier ordre fourni par le Human High-Performance Centre nouvellement créé. Situées à Enstone (Royaume-Uni), ces infrastructures placent la performance et les pilotes au cœur d'un nouveau programme d'entraînement conçu par Julian Rouse, l'ancien responsable de l'académie devenu directeur sportif de l'écurie F1 en 2023. Grâce à un protocole scientifique unique, Alpine mesure les caractéristiques physiques, physiologiques et cognitives de ses pilotes pour concevoir un menu d'activités sur mesure qui tire le meilleur de leurs performances, quel que soit leur genre.

OBJECTIFS AMBITIEUX

Sophia et Abbi font également partie des têtes d'affiche du programme Rac(H)er lancé par Alpine à l'été 2022. Outre Flörsch et Pulling, Rac(H)er épaule six jeunes filles pilotes dans un programme de karting spécifiquement dédié aux espoirs : les Françaises Angelina

Alpine accompagne six jeunes filles en karting dans le cadre du programme Rac(H)er.

Nicola Adams découvre les installations d'Enstone.

Proenca et Lisa Billard (13 ans), l'Australienne Aiva Anagnostiadis (15 ans), la Suissesse Chiara Battig (12 ans), l'Italienne Maria Chiara Nardelli (12 ans) et la toute jeune Britannique Kaur Khera Sukhmani (10 ans). Toutes pourront compter sur les conseils et l'encadrement de leur mentor officielle, Nicola Adams, double championne olympique de boxe, médaillée d'or aux Jeux de Londres (2012) et Rio (2016). Plus jeune femme à avoir effectué le tour du monde en solitaire à bord d'un ULM, l'aviatrice britannico-belge Zara Rutherford accompagne également les jeunes pousses du programme. « *Avec Rac(H)er, nous avons travaillé sans relâche (…) avec le soutien de Renault Group, non seulement pour encourager la réflexion, mais aussi mettre en place des actions concrètes pour aller de l'avant.* », détaille Claire Mesnier, directrice ressources humaines Alpine d'Alpine. Le programme dépasse largement le cadre de la piste puisque de nombreuses initiatives ont été déployées en interne pour mettre en lumière les talents féminins et encourager la nouvelle génération à rejoindre l'industrie du sport automobile, qu'elles soient ingénieures, mécaniciennes ou pilotes. Alpine entend ainsi compter 30 % de femmes dans ses équipes d'ici 5 ans. Et qui sait, une féminine en Formule 1 ?

Sophia Flörsch est devenue à Spa-Francorchamps la première femme à inscrire des points en FIA F3 depuis la relance du championnat en 2019.

En tête à tête

SOPHIA FLÖRSCH, AMBASSADRICE DU PROGRAMME ALPINE RAC(H)ER

En 2023, la pilote allemande a retrouvé la monoplace et rejoint l'Alpine Academy. Son arrivée s'inscrit également dans la volonté du constructeur français d'élargir ses opportunités envers les jeunes talents.

Comment est née votre passion pour la course automobile ?

→ Grâce à ma famille. Mon père avait l'habitude de faire très régulièrement du karting. Nous sommes originaires de Munich et il y a un circuit près de chez nous. Il m'arrivait de l'accompagner et, à l'âge de 4 ans, il m'a installée au volant. L'aventure a débuté comme ça. Quand vous démarrez un sport si jeune, vous ne pensez jamais que cela puisse devenir une activité professionnelle. J'ai tout de suite aimé le karting. À l'époque, il y avait une autre jeune fille en piste, donc on faisait souvent la paire. On s'amusait comme des gamines peuvent le faire à cet âge-là. À 8 ans, j'ai participé à mes premières compétitions en karting. C'est à ce moment-là que les choses ont commencé à devenir un peu plus sérieuses. Les bagarres roues contre roues, les trophées, l'adrénaline, tout ça vous sert de motivation. Vous vous prenez au jeu, vous avez sans cesse envie de vous améliorer.

À quel moment la bascule s'est-elle vraiment opérée ?

→ Vers l'âge de 10 ans, j'ai commencé à me rendre en Italie pour participer aux courses internationales, les championnats d'Europe et du monde, etc. Le karting prenait de plus en plus de place. J'étais souvent absente à l'école. Cela restait un hobby mais, dans un coin de ma tête, il y avait déjà ce rêve d'accéder un jour à la Formule 1. Comme tous les enfants en karting naturellement. Tout est devenu un peu plus réaliste quand je suis passée en auto lors de la saison 2015. J'ai participé au championnat Ginetta au Royaume-Uni cette année-là (4 podiums dont 2 victoires) avant de passer en F4 allemande la saison suivante. Quand vous arrivez en F4, vous avez l'impression que la F1 n'est pas si loin que ça, même si ça l'est, naturellement (rires). Mais à 14 ans, vous avez le sentiment que c'est tout proche. Les premiers sponsors sont arrivés, les médias ont commencé à s'intéresser à mon parcours, tout est devenu un peu plus tangible et réel.

Aviez-vous une idole lorsque vous étiez plus jeune ?

→ Michael Schumacher, naturellement. Non seulement parce que c'était un pilote allemand qui gagnait tout le temps, mais aussi parce que je roulais très souvent avec son fils Mick. Michael était présent sur les circuits et il se montrait toujours adorable avec tout le monde. Il était très ouvert et amical. Après, il y a eu Sebastian Vettel aussi bien sûr. Il était dans sa période victorieuse avec

« Dans notre sport, une femme peut concourir face aux hommes. »

Red Bull et il changeait souvent le design de ses casques. J'adorais les décorations brillantes et scintillantes. Je le trouvais super cool.

Quand avez-vous pris conscience qu'il y a peut-être plus d'obstacles pour les filles que pour les garçons quand il s'agit de faire carrière en sport automobile ?

→ Honnêtement, lorsque vous êtes jeune, vous ne pensez pas à ce genre de chose. Cela ne vous surprend pas tant que ça d'être l'une des seules filles. Je me suis toujours bien entendue avec tout le monde. Je n'ai rencontré aucun souci. Je jouais avec les garçons, ils m'acceptaient et tout se passait bien. Le moment où je me suis rendu compte que la situation était peut-être différente, c'est lorsque le père d'un autre compétiteur n'a plus trouvé ça cool qu'une petite blonde aille plus vite que son fils. Mais franchement, ça n'a jamais vraiment été un sujet. Et aujourd'hui encore j'entretiens de bonnes relations avec tout le monde. Je n'ai jamais eu de souci à cause de mon genre.

« J'ai toujours voulu rouler en monoplace, c'est mon but depuis le début. »

Le gros accident que vous avez subi au Grand Prix de Macao 2018 vous a-t-il fait remettre en cause votre choix de devenir pilote ? Avez-vous revu les images ?

→ Je pense être la personne qui a vu le ralenti du crash le plus grand nombre de fois (sourire). Et 5 ans après, on m'interroge toujours sur le sujet ! Je n'ai eu aucune séquelle mentale après coup. Je n'ai pas eu de difficulté à surmonter cette épreuve sur le plan psychologique. Le simple fait que l'on me demande si je voulais continuer le sport auto me paraissait incongru tant la réponse était claire de mon côté. La chose la plus importante à mes yeux, c'est de savoir que les deux autres personnes impliquées dans l'accident n'ont subi aucune blessure grave, au sens où leur vie n'a pas été changée à tout jamais. J'avais 18 ans à l'époque et cela faisait déjà 13-14 ans que je roulais. Le crash n'a pas remis en cause l'amour profond que j'ai pour la course, non.

Vous revenez en monoplace cette année après un intermède en prototype et GT : qu'est-ce qui a motivé ces orientations de carrière ?

→ J'ai toujours voulu rouler en monoplace, c'est mon but depuis le début. Je n'ai que 22 ans, donc je ne suis pas encore trop vieille pour ça (rires). Avant 2023, la saison 2020 avait été ma dernière en Formule 3. Chaque année, on regardait s'il existait des opportunités en F3 ou en F2 mais les planètes n'étaient jamais alignées, que ce soit sur le plan financier mais également en matière de développement personnel. En décembre 2022, je pensais encore que j'allais de nouveau me produire en Endurance l'année d'après. Le partenariat avec Alpine a permis d'ouvrir de nouvelles portes. En janvier, on a réussi à s'entendre pour effectuer un retour en monoplace. C'était évidemment très tard car les volants dans les formules de promotion ont tendance à être pris dès l'été précédent. Il ne restait quasiment plus de baquet vacant. Cela s'est fait un peu à la dernière minute, mais je suis très heureuse de retrouver la monoplace, même s'il reste beaucoup de choses à accomplir.

Comment avez-vous rejoint l'Alpine Academy ?

→ Les premiers échanges remontent au mois de décembre 2022. Je sortais de deux saisons en Endurance avec Richard Mille Racing dont l'exploitation était gérée par Signatech, qui s'occupe également du programme Alpine en WEC depuis des années, et supervise le projet Hypercar qui se matérialisera l'année prochaine. J'étais en contact avec eux pour rouler en LMP2 cette saison. Ce sont eux qui ont établi la connexion avec Alpine et le programme Rac(H)er. Je leur en suis très reconnaissante pour cette aide précieuse. J'ai toujours considéré que le soutien officiel d'un constructeur était essentiel. Une marque dont je partage les valeurs. Un constructeur qui a des objectifs réalistes pour les femmes en sport auto. Alpine a de grandes ambitions avec son programme Rac(H)er mais ils ont surtout un tableau de marche précis pour les réaliser. Je suis très fière d'être impliquée dans un tel projet. Nous travaillons en étroite collaboration pour faire en sorte qu'il soit couronné de succès.

Quels conseils donneriez-vous aux jeunes filles qui roulent aujourd'hui en karting, notamment celles qui participent au programme Rac(H)er ?

→ Cela va paraître un peu bateau, mais le plus important, c'est de croire en soi et ses capacités. J'ai presque envie de dire qu'il faut un peu d'arrogance, même si c'est sans doute un peu trop fort. Il faut savoir être « égoïste » dans le bon sens du terme, avoir confiance en soi et rester concentrée sur son chemin. Certains ne croiront pas en vous, d'autres ne vous soutiendront pas en raison de votre genre. À 22 ans, ce genre de désagrément ne m'atteint plus, mais quand vous avez 14-15 ans et que des hommes ayant l'âge de votre père viennent vous dire que vous ne réaliserez jamais votre rêve parce que vous êtes une fille ou une femme, c'est difficile à encaisser. Il faut également savoir s'entourer de gens qui croient en vous et sont prêts à vous accompagner jusqu'au bout.

Diriez-vous que les filles et les femmes ne sont pas suffisamment égoïstes ? Tout du moins pas autant que les garçons et les hommes ?

→ À titre personnel, je n'ai jamais eu de souci avec ça et je ne voudrais pas m'exprimer au nom des autres filles. De toute façon, le sport de haut niveau vous rend par essence égoïste. Cela vous pousse à ignorer les mauvaises influences potentielles.

Que répondez-vous à ceux qui pensent qu'une femme ne peut pas réussir en Formule 1 pour des raisons physiques et physiologiques ?

→ Je leur dis que c'est complètement faux. Une Formule 2 actuelle est plus dure à piloter qu'une Formule 1. Car vous n'avez pas de direction assistée. La Formule 3 n'est pas facile à maîtriser non plus. Ceux qui disent ce genre de choses n'ont aucune idée de quoi ils parlent. C'est possible, c'est faisable, ce n'est pas insurmontable. Évidemment, il faut s'entraîner, mais on parle d'un sport de haut niveau, cela fait partie des règles du jeu ! Tatiana Calderón a fait de la Formule 2 et nous avons été coéquipières en Endurance pendant deux ans. On a beaucoup échangé sur le sujet. Pour ce qui est de la F1, le plus gros défi à relever concerne le cou. Mais ce n'est pas comme en haltérophilie, par exemple, où les différences physiologiques entrent en ligne de compte et où les hommes ont un avantage. Et c'est totalement normal et logique. En revanche, dans notre sport, une femme peut concourir face aux hommes. Alors oui, il n'y a pas d'exemple récent de femme titulaire en Formule 1, mais c'est toute l'ambition du programme

Comme tous les membres de l'Alpine Academy, Sophia bénéficie d'un programme d'entraînement sur mesure.

Rac(H)er : apporter les preuves tangibles que c'est possible, avec des faits et des chiffres.

Le vivier de talents féminins est également bien plus réduit…

→ Absolument. Et c'est là que ça se joue aussi. Il n'y a que 20 places en Formule 1 et toutes sont occupées par des hommes. Parce qu'il y a beaucoup plus d'hommes, d'adolescents et de jeunes garçons qui font du sport automobile en général. Si vous n'avez que 10 filles pour 100 garçons, les probabilités que les meilleurs espoirs soient des garçons sont bien plus élevées. Et je dis 10, mais on est encore très loin de ce ratio. On parle d'échantillons très petits. Si je prends mon parcours comme référence, j'ai du mal à me souvenir d'avoir croisé d'autres filles en karting. La bonne nouvelle, c'est qu'il y a deux ans, je suis allée voir une compétition de kart à Portimão, en parallèle d'une épreuve d'Endurance, et j'ai été extrêmement surprise de voir qu'il y avait plus de deux filles dans le paddock ! Cela m'a rendue super heureuse. Le changement est à l'œuvre et la situation s'améliore. Il y a encore du pain sur la planche naturellement, surtout vis-à-vis des parents. Car je pense que ce sont les premiers freins. J'ai eu la chance que mon père m'emmène sur une piste de karting à l'âge de 4 ans. Lorsque vous êtes si jeune, ce sont les parents qui vous poussent vers tel ou tel sport. Or beaucoup pensent qu'il est impossible pour une fille ou une femme de travailler dans cette industrie. Et pas seulement en tant que pilote, mais également comme ingénieure ou mécanicienne. Il manque des exemples, des modèles. Si j'arrive un jour en Formule 1, par exemple, les gens verront à la télé, sur internet, dans la presse, qu'il est possible d'avoir une femme en F1. Et les petites filles de 4-5 ans verront une fille avec les cheveux longs et blonds, et les ongles faits, en train de rivaliser avec les hommes : elles se diront que c'est possible.

Est-ce que vous gardez un œil sur le programme Hypercar d'Alpine ?

→ Je sors de trois saisons en Endurance donc je continue de suivre les courses de ces championnats avec un grand intérêt. J'étais présente au Mans quand Alpine a dévoilé son Hypercar. Je trouve que c'est un super projet. Ils participent à deux championnats du monde : la F1 et le WEC. Je me suis toujours dit que mon histoire avec Le Mans n'était pas finie. J'ai clairement envie d'y retourner car mon équipe aurait dû gagner en 2022. Mais pour le moment, je me concentre pleinement sur la monoplace.

À quel horizon verra-t-on de nouveau une femme pilote titulaire en Formule 1 ?

→ Évidemment, j'espère que je serai la prochaine ! Déjà, on va tenter de rempiler en Formule 3 pour une nouvelle saison et viser les podiums et les victoires. La F2 est l'étape suivante, avec l'idée d'y rester deux ans. Donc peut-être que dans trois ans je signerai un contrat en F1, nous verrons bien ! Bien sûr, il faut savoir rester réaliste dans ce sport. Ce n'est pas qu'une question de talent. Il faut vraiment que les planètes s'alignent. Je travaille d'arrache-pied avec Alpine pour y arriver. C'est mon objectif naturellement, mais si cela ne devait pas se produire, je suis prête à relever n'importe quel autre défi.

64
DEPIELO
34
64
DEPIELO
BOSS
PARFUMS
BOSS
PARFUMS
ALPINE
P ZERO
PIRELLI

LE PHÉNOMÈNE GP EXPLORER

→ 11 LE PHÉNOMÈNE GP EXPLORER

LA COURSE DE TOUS LES RECORDS

Pour la 2e année consécutive, Squeezie, le youtubeur le plus populaire de l'Hexagone, a réuni une vingtaine de créateurs de contenu au Mans pour une épreuve de Formule 4 disputée à guichets fermés et devant des millions d'internautes. Partenaire de l'événement depuis l'édition inaugurale, Alpine soutenait plusieurs pilotes engagés, dont le vainqueur et la meilleure rookie.

60 000 spectateurs ont assisté à l'événement organisé sur le circuit Bugatti.

CONCEPT AMBITIEUX

Depuis 7 h et l'ouverture du circuit Bugatti du Mans, un flot ininterrompu de spectateurs franchit les portes du mythique tracé sarthois. Une demi-heure plus tard, les tribunes situées sur la ligne droite de départ/arrivée affichent déjà complet dans une ambiance chaleureuse et bon enfant. Nous sommes le samedi 9 septembre 2023 et ce public enthousiaste, jeune et bigarré est venu assister à une course de Formule 4 d'un genre un peu particulier. Bienvenue au GP Explorer, concept novateur et ambitieux imaginé par Lucas Hauchard, alias Squeezie, le créateur de contenu le plus célèbre de France. La star des réseaux a réussi le tour de force de réunir quelques-uns des vidéastes/streamers les plus populaires dans une épreuve de sport automobile diffusée en direct et en intégralité sur la plateforme Twitch. Organisée en octobre 2022, la première édition de l'événement avait fait sensation, avec 40 000 personnes dans les gradins et une pointe à plus d'un million d'internautes connectés en même temps, record absolu à l'époque. Pour l'an II du projet, Squeezie a vu les choses en encore plus grand. La capacité d'accueil a été augmentée de 50 % pour atteindre les 60 000 places. Une demi-heure à peine après l'ouverture de la billetterie fin mai, l'intégralité des tickets avait déjà trouvé preneur ! Sur place, la présentation des pilotes dans la voie des stands donne lieu à un tonnerre d'applaudissements tombé des tribunes. Il n'est que 8 h du matin et on se croirait dans un stade de foot en fusion.

BWT Alpine F1 Team
@AlpineF1Team

Squeezie sur la grille du #SingaporeGP ce week-end 🏁

#Alpine

M8 Squeezie

5:48 PM · 19 sept. 2023 · **246 k** vues

Pierre Gasly et Esteban Ocon aident Depielo à soulever la coupe du vainqueur, laquelle pèse 28 kg !

ALPINE FAIT LE SHOW

Partenaire de la première heure, la marque normande soutenait deux écuries en 2023, chacune étant coachée par Pierre Gasly et Esteban Ocon en personne. Le Rouennais s'occupait de l'écurie Alpine, qui alignait les youtubeurs Djilsi et Theodort. Son camarade d'Évreux, pour sa part, supervisait le team *Racers by Alpine*, composé de Manon Lanza, qui prône le dépassement de soi et assure la promotion des femmes dans les sports extrêmes, et Depielo, dont le leitmotiv consiste à rendre la course automobile accessible à tous en la vulgarisant auprès des nouveaux fans. La marque au A fléché accompagnait également le duo formé par son ambassadrice esports, AnaOnAir, et son équipier Maxime Biaggi, les deux évoluant sous les couleurs de *Mouv'*. « *Alpine nous fait l'honneur de nous suivre dans ce GP saison 2,* avait expliqué Squeezie lors de son live de présentation. *Ils nous avaient accompagnés sur le GP explorer saison 1. Ç'avait été un honneur qu'ils nous fassent confiance. Ils avaient décidé de nous soutenir, nous, des gros* noobs *de l'automobile, alors que c'est une marque historique, extraordinaire, qui plus est une écurie de* Formule 1*. Donc merci beaucoup Alpine d'être à nouveau sur ce GP Explorer 2.* » L'ensemble des 24 pilotes a également bénéficié des conseils prodigués par Pierre Sancinéna, vainqueur de la GT4 International Cup avec Alpine en 2018, et mandaté par la FFSA pour l'occasion. Cerise sur le gâteau, Gasly et Ocon étaient présents dans la Sarthe le jour de l'événement. Et ils ne manquèrent pas de régaler la foule. Le programme du GP Explorer 2 indiquait une grosse surprise à 16 h. Les fans n'ont pas été déçus. À l'heure indiquée, un bruit assourdissant s'est élevé dans la voie des stands avant que des monoplaces d'Enstone ne surgissent des garages pour prendre la piste. À leur volant, les titulaires F1 ont enchaîné deux tours du Bugatti et gratifié les spectateurs d'une série de *donuts* et autres *burns* furieux. Alors que Pierre et Esteban garaient leurs voitures sur la ligne d'arrivée, des « *Alpine ! Alpine !* », « *Gasly ! Gasly !* », « *Ocon ! Ocon !* » s'élevèrent dans les tribunes, bientôt suivis par la *Marseillaise* chantée à pleins poumons. Habitués à la folie des grands événements de la F1, les pilotes Alpine n'en revenaient presque pas devant l'engouement suscité. « *Expérience irréelle ! Une des ambiances les plus incroyables de toute ma vie ! Le public français est vraiment le meilleur.* » s'exclama Ocon.

Le youtubeur Theodort roulait également sous les couleurs Alpine.

SUCCÈS SUR LA PISTE ET EN DEHORS

L'Ébroïcien eut également le plaisir de voir l'un de ses protégés, Depielo, dominer les débats de bout en bout en piste. Passé tout près de la victoire lors de l'édition inaugurale du GP Explorer, Pierre-Olivier Valette, son nom à la ville, avait à cœur de grimper sur la plus haute marche du podium. La préparation du vidéaste de 31 ans fut toutefois perturbée par une luxation de l'épaule trois mois en amont de l'événement 2023. Encore souffrant, Depielo a fait fi de la douleur pour annoncer la couleur dès les Essais Libres, où il signa le meilleur temps. Pierre-Olivier confirma ses belles dispositions en survolant les qualifications pour signer une deuxième pole position de suite dans la Sarthe. L'an passé, il n'avait pas réussi à transformer l'essai en course, où il avait été surpris par Sylvain Levy du duo Vilebrequin. Si le vainqueur 2022, qualifié en 3e position derrière le créateur de contenu Étienne Moustache, se hissa immédiatement au 2e rang, il ne fut jamais en mesure d'inquiéter Depielo en tête. Le leader dut toutefois conserver son sang-froid pour négocier une épreuve

Coéquipière de Depielo, Manon Lanza était l'une des 6 pilotes féminines engagées.

interrompue par un Safety Car, qui se transforma ensuite en drapeau rouge. Un accrochage entre son équipière Manon Lanza et Maxime Biaggi entraîna en effet un double abandon et la neutralisation de la course. Manon fut transportée à l'hôpital pour effectuer des examens qui ne révélèrent fort heureusement aucune blessure grave. Après une interruption de plusieurs minutes pour enlever les monoplaces accidentées, Depielo négocia habilement la relance et creusa vite l'écart pour aller s'imposer sans coup férir. Derrière, AnaOnAir fut l'une des belles surprises de cette édition 2023. L'ambassadrice Alpine Esports, qui faisait partie des 12 nouveaux pilotes alignés cette année, se qualifia 5e avant de terminer au même rang, soit le meilleur classement des débutants et des féminines. Chapeau ! Avec un pic de 1,3 million de personnes en ligne au moment du départ de la course, le GP Explorer 2 a battu un nouveau record, tandis que le live de la journée, qui dura plus de 12 heures, compila quelque 21,1 millions de vues au total. Une réussite de bout en bout.

En tête à tête

PIERRE-OLIVIER VALETTE

VAINQUEUR DU GP EXPLORER 2

« Beaucoup d'amour en tribunes. »

2e de la première édition du GP Explorer, Depielo a brillamment pris sa revanche en 2023.

Figure bien connue des internautes amateurs de sport automobile, « Depielo » a su surmonter la douleur pour s'imposer de main de maître et faire briller le A fléché dans la Sarthe.

D'où vient ta passion pour la course ?

→ Un dimanche après-midi, quand je devais avoir 6 ans, je me suis retrouvé à regarder à la télé une voiture rouge et une voiture grise qui faisaient un bruit assourdissant. De mémoire, c'était le GP de Hongrie avec Mika Häkkinen et Michael Schumacher, et le bruit caractéristique des V10 de l'époque. Après ça, comme pas mal de jeunes enfants, je suis tombé dans l'univers des transports au sens large : voitures, avions, trains. J'adorais le TGV. D'ailleurs je voulais être conducteur à la SNCF à la base (rires). Ensuite, j'ai commencé à regarder de plus en plus la F1. Entre 1998 et 2001, on est partis vivre en Libye car mon père a dû s'y expatrier pour le travail. Là-bas, on avait une chaîne qui s'appelait AB Moteurs et qui diffusait la NASCAR, le Champcar, le CART, plein de catégories différentes. En fait, je suis davantage venu au sport auto via les disciplines nord-américaines.

À quel moment as-tu songé à embrasser une carrière dans cet univers ?

→ C'est une conséquence heureuse de ce que j'ai pu faire en amont. En 2015-2016, j'étais en école de commerce et je me suis retrouvé en stage dans le milieu de l'automobile. Honnêtement, cela ne m'a pas spécialement plu sur le moment. Je voulais surtout faire des réseaux sociaux et de la com', que ce soit pour des grandes entreprises ou des entreprises plus modestes. À l'époque, un rôle comme celui de community manager, c'était tout nouveau. Il y avait quelques formations, mais le mieux restait d'apprendre sur le tas. C'est pour cette raison que j'avais voulu effectuer un stage dans une petite boîte de prod' à Paris. En parallèle, j'ai monté une chaîne YouTube en me disant que ça ferait une ligne sur le CV. À la base, l'idée consistait à réunir trois de mes passions : le sport auto, le jeu vidéo et la vidéo. Pour mon stage de fin d'études, j'ai été recruté à la communication groupe de BNP Paribas. J'y suis resté un an et demi et j'ai beaucoup appris. Dans le même temps, j'ai continué ma chaîne YouTube parce que ça me plaît énormément, j'adore ça. Et comme le veut l'adage, si on fait quelque chose qui nous plaît, on a l'impression de ne jamais travailler. Même si l'on bosse beaucoup !

Comment est-ce que tu t'es retrouvé sur le GP Explorer ?

→ Fin 2020, j'ai été contacté par Aurélien Le Draoullec, qui allait bientôt superviser le GP Explorer avec Squeezie. Il m'a proposé de rejoindre l'agence de talents Bump que Lucas a créée. Il voulait m'aider à aller plus loin dans les projets. Il avait plein d'idées, toutes plus ambitieuses les unes que les autres. Un jour, il me dit que Squeezie veut organiser une course type Grand Prix avec 20 créateurs

de contenu. Et que j'aurai ma place si je rejoins Bump. Tout de suite, j'ai vu les obstacles potentiels : le nombre d'acteurs à impliquer - la FFSA, l'ACO, etc. -, la dangerosité du sport, les coûts qu'engendre l'exploitation de monoplaces, l'entraînement que cela nécessite pour apprendre à piloter. Je me suis dit que c'était impossible *(rires)*.

Et finalement...

→ Le projet était fou, mais après un an et demi d'efforts, on s'est retrouvés sur le circuit Bugatti au mois de mars 2022. Je nous revois dans la voie des stands. Il pleuvait, on s'installe dans les voitures, on allume les moteurs, et une bonne partie des gens de l'événementiel chez Bump ont fondu en larmes. C'était tellement incroyable.

« Le projet était fou, mais après un an et demi d'efforts, on s'est retrouvés sur le circuit Bugatti au mois de mars 2022. »

Avais-tu déjà des notions de pilotage ?

→ Je n'avais jamais roulé en compétition, mais j'avais participé à des exhibitions type les 6 Heures du RKC (du nom du célèbre site de karting situé sur l'aérodrome de Cergy-Pontoise) au début des années 2010. Je m'étais acheté un casque et une combinaison, histoire d'avoir un petit équipement. J'avais également effectué une journée de roulage avec d'anciennes F3 sur le circuit de Dreux. Après, je faisais beaucoup de simracing et de jeux vidéo. Mais du coup, j'avais pris plein de mauvaises habitudes qu'il a fallu gommer totalement au moment de monter dans les F4 du GP Explorer *(rires)*.

Quand on est expert des sports mécaniques, est-ce qu'il y a une pression supplémentaire au moment de prendre la piste ?

→ C'est sûr qu'il y a la volonté de bien représenter le domaine dans lequel on est censé exceller. La première édition m'avait déjà rassuré car je n'étais pas 10e ou 15e sur la feuille des temps (Depielo avait signé la pole position et terminé 2e en course). Le fait d'avoir livré une belle bataille avec Sylvain (Levy du duo Vilebrequin), je pense que ça a permis de montrer comment se comporter en piste, comment se positionner. En plus de proposer du spectacle. Au terme du GP Explorer, il y avait la satisfaction et le soulagement de se dire : « *Ok, je sais tenir un volant et appuyer sur des pédales.* » Cette année, l'objectif était de confirmer et d'aller chercher la gagne.

Manon et toi avez eu la chance d'être coachés par Esteban Ocon. Comment vous a-t-il aidés ?

→ Esteban, comme Pierre, a un emploi du temps très chargé, donc on ne pouvait pas leur demander de nous accorder deux heures par semaine. Et puis c'est à nous de bosser avec nos ingénieurs et la FFSA lors des séances de tests.

Là où Esteban est très précieux, c'est sur le plan mental, la façon d'aborder l'événement, de se mettre en condition pour aller chercher la performance, les derniers petits trucs qui font la différence. C'était génial de l'avoir dans le garage pendant les qualifications, et même durant la course. Il nous a donné juste un ou deux conseils sur des choses très précises. Cela peut paraître anodin, mais c'est ce qui permet de bien négocier la relance par exemple, ou un tour lancé en qualif'. C'est un peu comme le dressage qui vient relever et sublimer un plat.

Le programme de la journée du GP Explorer était particulièrement copieux. Comment faire pour ne pas arriver épuisé au départ de la course ?

→ Tous les pilotes savaient que ce samedi allait être sans fin et que les meilleurs seraient ceux qui sauraient gérer leur énergie au mieux. Il faut être au calme le plus souvent possible, manger par petites quantités mais régulièrement, s'hydrater constamment, plein de petites choses qui, mises bout à bout, se révèlent primordiales.

Ce doit être compliqué de rester concentré avec 60 000 fans en délire autour de vous, non ?

→ Il faut savoir utiliser la force de la foule pour récupérer de l'énergie. Quand tu sors des stands le matin et que tu vois le monde dans les tribunes, ça te booste d'une manière incroyable. Il faut savoir profiter mais aussi donner, car tu reçois beaucoup en retour. Lors du premier tour, tu ne penses pas à faire monter les gommes en température comme un pilote pro, tu salues les spectateurs car ils ont fait le déplacement et sont présents au circuit, pour certains, depuis des heures. C'est l'aboutissement d'une année entière de travail, où tu te dis qu'il faut à la fois bien gérer l'énergie, mais aussi savoir prendre ce qu'on nous donne, parce qu'il y a beaucoup d'amour en tribunes.

Pierre-Olivier savoure un succès mérité sur le podium du Mans.

sparco
ALPINE
sparco
DEPIELO
GT2i

En tête à tête

ANASTASIA LOPES AMBASSADRICE ALPINE ESPORTS

Révélation du GP Explorer 2 où elle a terminé meilleure débutante et première pilote féminine, « AnaOnAir » a vécu une journée riche en émotions.

→ Quel est ton premier souvenir de sport auto ?
Mes grand-mères sont passionnées de Formule 1, l'une est très fan de Lewis Hamilton, l'autre de Fernando Alonso. Quand j'allais chez elles le week-end dans mes jeunes années, elles m'ont toujours mise devant les Grands Prix. C'était le rituel familial. Le souvenir qui me vient à l'esprit, c'est le premier titre d'Alonso avec Renault, en 2005. Mon père a pris le relais au fil des années, tandis que de mon côté, je me suis éduquée un peu toute seule aux autres disciplines : GT, Endurance, etc.

→ À quel moment as-tu voulu en faire ton métier ?
Après le bac, je suis partie en école de radio à Paris, puis j'ai bossé pendant 4 ans chez *Fun Radio*. Lors de ma dernière année, j'ai commencé en parallèle à être pas mal active sur les réseaux, notamment Twitch et YouTube. J'ai fait la bascule en 2022 pour me concentrer à fond sur cette activité. Je n'avais plus le temps d'avoir les deux casquettes, radio et création de contenu. Ça me prenait beaucoup d'énergie.

→ Comment s'est effectué le rapprochement avec Alpine ?
L'année dernière, ils avaient organisé un après-midi consacré à l'esport à Paris avec Esteban Ocon. J'avais été invitée et j'ai pu rencontrer les équipes en charge de ce secteur chez Alpine. On a commencé à échanger et le courant est tout de suite bien passé. Au final, ils m'ont proposé de devenir leur ambassadrice esports.

→ Tu étais déjà présente au GP Explorer I, mais en qualité de consultante. Comment t'étais-tu retrouvée en plateau ?
J'avais été contactée durant l'été 2022 par le bras droit de Squeezie. Ils avaient besoin de quelqu'un estampillé sport auto dans l'équipe d'animation. J'étais vraiment honorée de remplir ce rôle. Ce fut un exercice génial. Pouvoir être présente sur l'événement, c'était juste fou. Je me suis vraiment rendu compte de l'ampleur de la chose en étant sur place. Cette même personne m'a rappelée début 2023 pour me proposer d'être derrière le volant cette année. J'ai naturellement accepté tout de suite. Je ne me voyais pas refuser cette opportunité.

→ Quelle a été ta préparation ?
On a eu des entraînements officiels, qui étaient encadrés par la FFSA, quatre ou cinq séances il me semble. En plus de cela, j'ai effectué deux sessions avec l'écurie R-ace GP :

« Je ne me voyais pas refuser cette opportunité. »

la première en mai, la seconde durant l'été. J'ai pu solidifier ma formation et prendre encore plus d'expérience en pilotant une Formule Renault 2.0. L. Les ingénieurs de l'équipe m'ont beaucoup aidée. En parallèle, j'échangeais avec des pilotes qui sont passés par le championnat de France F4 pour apprendre de leur vécu.

→ As-tu eu l'occasion d'avoir des conseils des pilotes Alpine F1 ?

Avec Esteban, on a eu l'occasion d'en parler durant l'année, il m'a demandé comment se passaient les entraînements, etc. La journée du GP en elle-même, on s'est retrouvés à un moment donné dans le stand lors des qualifications. On a pu parler un peu. Il s'est montré très bienveillant, toujours prêt à donner des petits conseils. C'était chouette.

→ Quelles images gardes-tu de ce samedi un peu particulier ?

C'est un souvenir incroyable, j'ai vraiment passé une journée folle. Je ne m'attendais pas à ce résultat, je suis vraiment très heureuse.

→ Est-ce qu'il est compliqué de gérer l'enthousiasme des fans présents sur place ?

C'est un peu difficile, effectivement. Tu reçois une énergie et ressens des émotions sensationnelles qu'il faut réussir à canaliser quand tu es dans la voiture. Il faut arriver à faire abstraction de l'environnement, du monde alentour. Mais dès que tu enlèves ton casque, tu entends les cris de la foule. Ce n'est pas évident de rester dans sa bulle. Sur le GP Explorer, j'étais un peu la petite, je n'ai pas l'habitude de participer à ce genre d'événement. Mon coéquipier Maxime, par exemple, avait déjà fait un Zénith avec son émission, donc il est moins surpris. Voir autant de personnes, ça m'a fait quelque chose, c'est sûr.

« C'est un souvenir incroyable, j'ai vraiment passé une journée folle. Je ne m'attendais pas à ce résultat, je suis vraiment très heureuse. »

→ Tu as été un peu la révélation en piste. Penses-tu avoir envoyé un message, notamment en tant que pilote féminine ?

Oui, surtout au vu de ce qu'il s'est passé en course. Ça a permis de contrebalancer ce qu'a vécu Manon et de lui apporter du soutien. Moi aussi, j'ai reçu beaucoup de critiques quand j'ai été annoncée sur la grille du GP. Je n'ai rien dit car je n'étais vraiment pas sûre du résultat. Aujourd'hui, je suis hyper fière de ce que toutes les filles ont pu accomplir.

AnaOnAir fut la révélation du GP Explorer 2.

la mie CALINE
16
WARSHIPS
la mie
CALINE

CRÉDITS PHOTOS

Couverture : Jeff Renoux
Conception graphique : Lionel Rousseau
Éditrice : Marion Quinconneau
Relecture : Delphine Dubois
Mise en page : Colette Crombez - *EliLoCom*
Imprimé en Europe par PRINTCORP

ISBN 978 275760 581 3